철학자의 식탁

À LA TABLE DES
PHILOSOPHES

철학자의 식탁

먹고 요리하고 이야기하는 일의 즐거움

노르망 바야르종 지음
양영란 옮김

갈라파고스

들어가는 말 : 입맛 돋우기

이런 책을 쓰는 모험은 유명 요리사 리카르도Ricardo Larrivée와 더불어 시작되었다. 사실 모든 건 다 그 친구 탓이다!

다른 많은 사람들과 마찬가지로, 나는 리카르도 덕분에 요리의 즐거움을 발견했다. 또 그가 가진 교육자로서의 재능에 감탄할 수밖에 없는 기회를 여러 차례나 얻었다. 그런 만큼 라디오 캐나다에서 방송되는 '나에게 일요일을 그려주세요'라는 프로그램에 그가 초대 손님으로 나가게 되었다는 소식을 듣고 무척이나 기뻤다. 나 또한 마침 같은 프로그램에서 철학 분야를 담당하고 있던 터였으니까.

리카르도를 앞에 앉혀놓고서 무슨 이야기를 하면 좋을까? 우리 두 사람이 속한 세계를 묶어주는 연결고리는 무얼까? 어떤 다리가 요리와 철학을 이어줄 수 있을까?

곰곰이 생각하던 나는 철학에서 고전으로 꼽는 몇몇 책에서 읽은 음식, 요리, 섭생 등에 관한 구절들을 떠올렸다. 솔직히 그런 주제를 다룬 책이라면 얼마든지 널려 있다.

그날 아침, 나는 엄격하고 딱딱한 철학자로 알려진 이마누엘 칸트Immanuel Kant가 손님을 대접하는 방법에 대해서 쓴 재미난 구절에 관해 이야기했다. 여러분들도 이 책에서 그 구절을 읽게 될 텐데, 그 부분을 읽고 나면 여러분 또한 나처럼 그 글이 흥미로울 뿐 아니라 시사성까지 겸비했음을 인정하게 될 것이다.

하긴 이 주제에 대해서라면 고전 철학에서 이미 풍부하게 다뤘던 터라 새삼 놀랄 것도 없다. 음식 섭취는 반드시 필요한 일이고, 우리는 그 일을 하나의 즐거움으로 승화시켰다. 우리는 우리에게 반드시 필요한 그 일을 중심으로 다양한 의식들을 만들어냈으며, 정교하게 가다듬어진 그 의식들은 우리로 하여금 끊임없이 질문을 제기하게 만든다. 말하자면 음식을 먹는 시간은 우리 각자에게 다소나마 철학자가 되어보라고 은근히 부추긴다.

솔직히 우리 시대에는 그 같은 태도가 특별히 진정성 있게 와닿는다. 여러분들도 분명 동의할 테지만, 우리가 살고 있는 시대는 식탁에서의 행복, 즉 먹고 마시는 일의 즐거움에 대해 가히 열정적이라고 할 정도로 유별난 관심을 보이기 때문이다.

이 책은 독자들을 매우 특별한 애찬(愛餐, 다른 말로는 아가페agape 식사라고도 한다)이자 지적이면서 동시에 감칠맛까지 겸비한 연회로 초대한다.

지적이라는 표현을 사용한 이유는 이 책이 독자들로 하여금 철학자들과 더불어 섭생과 관련 있는 여러 주제들에 대해 생각하게 만들기 때문이다. 가령 진정한 와인 감별은 가능할까? 슈퍼마켓에서 장을 볼 때 회의적인 태도를 가지면, 보이지는 않지만 우리를 조종하는 모든 유혹의 목소리에 저항할 수 있을까? 혹시 나도 채식주의자 대열에 합류해야 하는 건 아닐까? 다도는 어떤 관념 혹은 어떤 이상을 함축하고 있을까? 요리를 하나의 예술로 간주할 수 있을까? 유명 셰프들의 명성은 과장된 감이 있지 않을까? 이외에도 생각해볼 거리들은 산재해 있다.

그런데 철학이란 고립되고 고독한 활동이 아니다. 애초부터 소크라테스Socrates 같은 인물들과 더불어 철학은 대화와 변증법, 질문과 그에 대한 답을 통한 토론의 기술을 토대로 면면히 이어져왔다. 심지어 칸트의 사례가 보여주듯이, 철학은 실제로 음식 접시를 앞에 두고서 계속되어왔다. 플라톤Platon으로 말하자면, 술기운이 후끈 달아오르는 연회 자리를 사랑과 그것의 참뜻에 관해

진지한 의견을 교환하는 장으로 삼지 않았던가 말이다.

또한 이 책은 철학자와 요리(예를 들어 데이비드 흄David Hume과 여왕의 수프), 요리사와 요리(아피키우스와 그의 아프리카 속주식 타조 스튜), 혹은 특별한 철학적 개념과 요리(스토아주의와 소박한 건포도 빵)의 관계를 조명했다는 점과 실제로 몇몇 요리법을 제안하고 있다는 점에서 감칠맛까지 겸비했다고 표현할 수 있다.

독자들은 이 책을 통해 손님들에게 보낼 식사 초대장에 식사 자리에서 나누게 될 대화 주제에 대해서도 미리 알려줄 수 있으며, 그 식사의 초대 손님들이 두고두고 잊지 못할 귀한 시간을 보낼 수 있도록 몇몇 읽을거리도 제안할 수 있을 것이다.

자, 그럼 이제 모두 식탁에 둘러앉자! 철학자들의 식탁에!

노르망 바야르종

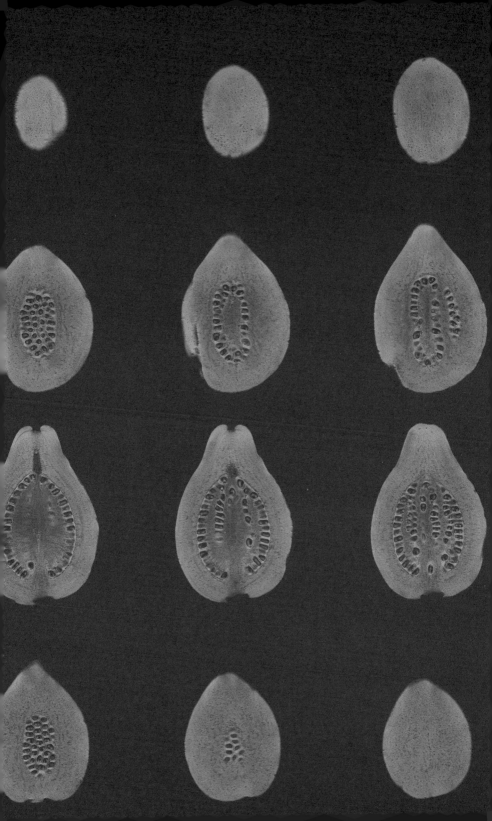

차례

1

목 넘김이 좋고,
톡 쏘는,
바디감이 풍성한?

입이 있는 자들이면 저마다 한 마디씩
와인에 온갖 '수식어'를
갖다 붙인다

와인을 시음할 때면 우리는 자기들이 많은 것을
알고 있음을 알리기 위하여 현란한 단어들을 동원하는
'전문가들' 앞에서 기가 죽고 만다.
"뭔가에 대해서 언급할 수 없다면 침묵을 지켜야 한다"[1]는
철학자 루트비히 비트겐슈타인Ludwig Wittgenstein(1889~1951년)의
가르침에 따라, 우리는 그러한 느낌을 겉으로 드러내지도 못하고
그저 마음속에 담아둘 수밖에 없다.
하지만 입이 느끼는 것을 우리 스스로가 제대로 표현할 역량이
없다고 믿는다면 그건 우리의 판단력에 대한 모욕이 아닐까?
전문가들의 번지르르한 말을 곧이곧대로 다 믿지는 맙시다!
어리숙한 사람들의 나라에서는 흔히 입담 좋은 사람들이
왕 행세를 하는 법이니까!

"와인은 현자들에게 뛰어난 사람들이 느끼는 것과 유사한 취기를 제공한다. 와인은 우리에게 우리의 젊음을 돌려주고, 우리가 잃어버린 것을 돌려주며, 우리가 욕망하는 것을 준다. 와인은 불의 격랑처럼 우리를 불태우나, 그와 동시에 우리의 슬픔을 시원한 한줄기 물로 바꿔주기도 한다."

—오마르 하이얌(Omar Khayyam)

향연饗宴이냐 주연酒宴이냐? : 흰색 모자나 백색 모자나 거기서 거기

고대 그리스에서, 향연banquet('주연symposium'이라고 하기도 했다)이 열리면 남자 일색인 친구들이 그들 가운데 한 사람, 그러니까 잔치 비용을 댈만한 여유가 있는 사람의 집에 모였다.

향연은 대개 식사와 음주, 이렇게 두 부분으로 나뉘는데, '심포지엄'(원래는 '술 마시는 사람들의 모임'을 뜻한다)이라고 불리는 2부, 즉 음주에 해당되는 부분이 훨씬 길었다. 그 자리에서는 주로 와인을 마셨으므로, 결국 향연이란 질펀한 술잔치로 끝나기 마련이었음을 짐작할 수 있다. 그래서 아예 2부를 지칭하는 심포지엄이 1부와 2부 전체를 대표하는 용어가 되어버린 것이기도 하다.

고대 사회에서 심포지엄에 대한 호응이 너무 좋았던 나머지 같은 이름의 문학 장르까지 탄생했다. 이중에는 플라톤의 작품이 단연 가장 유명한데, 흔히 사랑에 대한 가장 아름다운 대화편으로 인정받는다. 크세노폰도 『향연』이라는 작품을 썼으며, 플루타르코스Plutarch의 『심포지아크스Symposiacs』도 같은 장르에 속한다고 할 수 있다. 나우크라티스의 아테나이오스Athenaeus가 쓴 『소피스트들의 향연Deipnosophistae』 역시 같은 부류의 작품이다.

심포지엄이 열리게 되면

친구들은 연회를 베푸는 자의 집으로 모여든다. 태양의 움직임에 따라 생활 방식이 정해지던 시절이니 분명 오후 무렵이었을 것이다. 초대도 받지 않았는데 슬그머니 꼽사리로 끼어들어 공짜로 요리며 음료를 축내는 이들(이런 이들을 조롱하는 문학 작품은 자주 만날 수 있다)도 분명 더러 있었을 것이다.

　연회가 열리는 집의 노예들이 초대받은 손님들을 맞이한다. 손님들이 신발을 벗으면 노예들이 그들의 발을 씻긴 다음 꽃다발을 건네주거나 꽃목걸이를 걸어준다. 혹은 다른 무엇인가로 장식을 해주기도 한다. 이윽고 손님들은 주연이 열리는 공간으로 안내되어 집 주인과 만난다. 연회를 주관하는 집 주인은 손님 각각에게 푹신한 쿠션들이 놓인 침대를 지정해준다. 손님들은 주인이 정해준 그 침대에서 혼자 또는 누군가와 더불어 식사를 하게 된다. 이 자리는 나름대로의 기준에 따라 배정되는데, 초대 손님의 명성이나 지위가 그 기준에 중요한 요소로 작용한다. 집 주인과 제일 가까운 자리가 모든 초대 손님이 탐내는 자리임은 두말할 필요도 없다.

　손님들이 대략 착석을 하고 나면 곧 노예들이 음식을 가져와 침대 가까이에 마련된 테이블에 놓는다. 고대 그리스의 상고 시대, 그러니까 고대 그리스 역사 가운데에서도 가장 오래된 시기에 해당되는 호메

로스 시절, 당시 음식은 해당 시기 이후의 음식에 비해 훨씬 투박하고 정교하지 못했다. 사냥으로 잡은 짐승의 고기를 이렇다 할 요리법 없이 불에 구워 먹는 정도였다. 그러므로 연중행사처럼 치르게 되는 각종 제례 의식이나 축제도 따지고 보면 거대한 바비큐에 지나지 않았다고 볼 수 있다. 말하자면 그러한 행사 대부분이 시민들에게 구운 고기를 나눠주는 기회였던 것이다. 그뿐 아니라 와인과 무절제, 지나침을 상징하는 신인 디오니소스를 기리는 축제에서는 연극이라는 장르가 서서히 발달되기 시작했다.

고대 그리스의 고전 시대, 즉 소크라테스와 플라톤의 시대에 이르면 요리가 제법 정교해지면서 벌써 현재 우리가 알고 있는 지중해식 식단과 비슷한 모양새를 갖추게 된다. 일단 고기를 훨씬 적게 먹으며, 이제 그 고기는 사냥으로 잡은 고기가 아니다. 그들은 돼지와 염소, 양 등을 기르기 시작했으며, 특히 염소와 양에게서 얻은 젖이 인기가 많았고 그 젖으로 치즈도 만들었다.

빵과 올리브, 와인, 포도, 채소, 달팽이, 토끼, 허브(타임, 바질, 박하, 고수, 커민 등), 달걀, 닭고기, 오리고기, 메추리 고기 등이 식사의 주요리로 등장했으며, 식사의 끝은 케이크와 호두, 과일 혹은 요거트의 일종인 옥실라가Oxylaga가 장식했다. 옥실라가는 주로 꿀을 곁들여서 먹었다. 또한 당시 사람들은 생선과 해산물을 많이 먹었는데, 가까이에 위치한 바다가 이들에게 항상 풍성한 먹거리를 제공했기 때문이다.

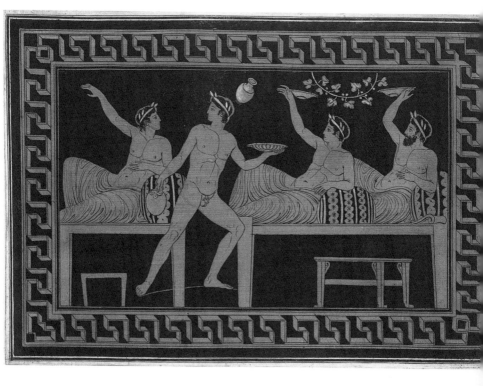

심포지엄 (런던의 웰컴도서관)

적절한 대화와 적절한 술, 심포지엄의 묘미

음주가 시작되면 관례에 따라 주사위를 던지는 제비뽑기를 통해 '연회의 왕Symposiarque'을 선정한다. 연회의 왕으로 뽑힌 자는 마치 예식을 집전하는 책임자처럼 행동한다. 그의 임무는 대단히 중요하면서도 미묘하기 때문에, 그날 모임이 성공적인지 아닌지는 연회의 왕이 얼마나 수완을 발휘하느냐에 따라 결정된다. 아무튼 연회의 왕으로 선정되면 대화의 주제를 정할 뿐 아니라 책임지고 대화를 원활하게 이끌어야 한다. 그날 마실 와인을 결정하고, 건배를 몇 번 할지 정하는 것도 왕의 몫이다. 요컨대 초대 손님들은 싫어도 몇 잔은 의무적으로 마셔야 하는 셈이다.

이 시기의 그리스 와인은 유난히 독했으므로 그걸 마시려면 다른 것과 섞어서 알코올 도수를 낮춰야했는데, 일반적으로 물이 희석제로 동원되어 다양한 비율로 와인을 순화시키는 역할을 했다.

건배를 할 때마다 약간의 와인을 바닥에 뿌린 다음, 잔을 높이 들고는 좌중 모두에게 찬사를 듣는 하나의 신 또는 인물을 기리면서 와인을 마셨다. 때로는 사랑하는 이를 위해 잔을 들기도 했다. 이 경우에도 잔에 남은 술을 바닥에 뿌렸다. 이러한 관습으로부터 '코타보스Kottabos'라는 일종의 놀이도 생겨났다. 자신의 잔에 들어 있는 술을 다른 용기에 옮겨 담는 놀이로, 목표를 달성하지 못한 사람에게는 가령 벌거벗고 뛰면서 연회장을 한 바퀴 도는 벌칙이 주어지기도 했다.

그리고 여인들, 남녀 무희들, 악사들, 시인들이 참석해서 좌중의 흥을 돋우기도 했다.

현대 사회에서 이러한 심포지엄 관습이 더 이상 계승되지 않는 것과 철학적 대화가 만개할 수 있는 공간이 사라졌다는 사실을 안타까워할 수도 있다. 그렇긴 해도, 시대를 거슬러 올라가 와인을 대화 주제로 삼는 심포지엄 자리를 마련하여 철학자들을 초대하지 못할 일은 없다. 그러니 쇠뿔도 단 김에 뺀다고, 말이 나온 김에 당장 실천해보자. 시대 착오적인 한 잔의 와인은 누구에게도 나쁠 게 없으니 말이다!

칸트와 친구들

본론으로 들어가기에 앞서, 볼만한 연극 공연에서라면 늘 그렇게 하듯이, 먼저 등장인물들을 소개하고 몇 마디 말로 그들이 어떤 사람인지 미리 귀띔해두는 것이 좋겠다. 이 상상 심포지엄의 성공 여부가 거기에 달려 있다고 해도 과언이 아니니까.

플라톤(기원전 423~348년) : 물론 그 유명한 철학자 플라톤이 맞다. 그는 와인에 대해서라면 할 말이 아주 많은 사람이다. 물론 다른 모든 주제에 대해서도 그렇지만.

오마르 하이얌(1048~1131년) : 오마르 하이얌은 페르시아의 수학자이자 천문학자, 시인으로, 와인은 그의 삶에서 매우 중요한 것이었다.

소스타인 베블런Thorstein Veblen(1857~1929년) : 미국 출신 경제학자이자 사회학자.

한스 구텐바인Hans Guttenwein : 오스트리아 출신 와인 전문가로, 이 상상 심포지엄에서만 존재하는 허구의 인물.

이마누엘 칸트Immanuel Kant(1724~1804년) : 이 향연의 주최자인 칸트는 알다시피 독일 태생의 유명 철학자다. 때로는 믿기 어려울 수도 있지만, 이 엄격한 계몽 시대의 사상가는 정오 무렵 친구들과 더불어 와인을 마시면서 유쾌한 식사를 즐겼다. 칸트는 심지어 이 식사에 대해 대단히 명확한 규칙까지 정해놓았다.

이마누엘 칸트

칸트의 심포지엄

칸트

이보게 친구들, 이 향연에 와주어서 고맙네. 이미 합의된 것처럼 오늘 이 자리에서는 와인에 관해 토론을 나눌 걸세. 안심하게, 토론은 당연히 와인을 마셔가면서 진행될 테니 말일세.

하이얌

그거 참 현명한 선택이로군. 이제야 철학자들이 다소나마 진지한 이야기를 나누게 되었으니 말이야! 난 루바이rubaï² 한 편을 지어 오늘 이 향연을 시작하기에 적합한 내용을 담아볼까 하네.

> "약간의 와인이 내게는 죽은 모든 왕들이 다스리던 왕국보다,
> 그들의 모든 왕좌보다 값지며,
> 아침이면 연인이 내쉬는 숨결 하나하나가
> 거짓으로 선한 자들의 통곡보다 값지다네."

그런데 우리 어떤 와인으로 시작할 건가?

플라톤

여러분들 모두가 놀라실 수도 있겠으나, 친애하는 오마르, 나 역시 와인 예찬을 한 적이 있다네.

칸트

정말인가, 플라톤? 난 자네 책에서 그런 구절을 읽은 기억이 없네만.

플라톤

친애하는 칸트, 그건 분명히 그 구절이 『대화편』 중에서 미완성이라 사람들이 많이 읽지 않는 「법률」에 실려 있기 때문일 걸세. 하지만 진실이 나로 하여금, 반드시 그래야만 하고, 또 진실은 그럴 것을 요구하니만큼, 이 말을 할 수밖에 없게 만드는군. 무슨 말인가 하면, 내가 같은 책에서 와인의 위험성에 대한 경고도 했다는 말이지. 아테네 사람과 클레이니아스Kleinias가 주고받은 말들을 회상하면서 내가 잠시 이 구절을 인용하는 걸 허락해주게.

아테네 사람 : 우리의 즐거움, 괴로움, 분노, 사랑을 한층 더 강력하게 만들어주는 것이야말로 와인의 효과가 아니겠나?

클레이니아스 : 그렇지, 훨씬 강력하게 해주지.

아테네 사람 : 우리의 감각이며 기억, 의견, 생각 등도 그 덕분에 훨씬 강력해지는 걸까, 아니, 그보다 오히려 그러한 것들은 취할 정도로 술을 마신 인간을 아예 내동댕이쳐버리는 게 아닐까?

클레이니아스 : 그런 것들은 취한 인간 따위는 완전히 버려버리지.

아테네 사람 : 취한 인간은 아직 아기였을 때와 똑같은 상태로 돌아

쾨니히스베르크의 이마누엘 칸트와 그의 친구들, 에밀 되르스틀링Emil Doerstling의 그림, 1892년.

가는 건 아닐까?

클레이니아스 : 분명 그럴 테지.

아테네 사람 : 그렇다면, 술 취한 인간은 전혀 자신의 주인이 아닌 게로군.

클레이니아스 : 전혀 아닌 게지.

아테네 사람 : 그렇다면 우리는 술 취한 인간은 가장 고약한 상태에 있다고 말할 수 있을까?

클레이니아스 : 가장 고약한 상태, 그것도 아주 많이 그렇지.

아테네 사람 : 그렇다면 노인만 어린아이로 돌아가는 게 아니구먼. 술 취한 사람도 마찬가지니까.

클레이니아스 : 그보다 더 정확하게 말할 수 없을 걸세, 외국인 친구.[3]

칸트 (어쩐지 대화가 개인적으로 흘러간다고 느낀다)

이보게, 친구들. 나는 우리 모두가 와인은 이솝의 언어와도 같아서 최선도 최악도 가능하다는 의견에 동의할 것이라고 생각하네. 그렇긴 하나, 이 자리에는 철학자들이 모였으니 난 우리가 좀 더 철학적인 문제, 그러니까 와인에 있어서 취향 판단의 객관화가 가능한지 아닌지의 문제를 논의하기를 원한다네. 물론 자네들이 그러기를 원한다면 말이지.

플라톤

말이 나왔으니 말이네만, 이마누엘. 이 자리에는 지금 철학자들끼리만 있는 게 아닐세. 우리 두 사람은 그렇다 치고, 베블런이 있지 않은가. 그는 비록 경제학자라고 해도, 친애하는 오마르와 동업자조합에 속하지. 오마르로 말하자면, 수학자로서의 굉장한 업적 덕분에 내가 그에게 호의를 품고 있는 건 물론이고, 그 또한 높은 경지에 오른 수학자로서 철학적인 주제에 대해서 특별히 생소해하지 않지. 그런데 자네가 아직 우리에게 소개해주지 않은 이 자는 누구인지 말해주겠나?

칸트

이런, 내 정신 좀 보게나. 이 친구는 한스 구텐바인일세. 와인 전문가, 그러니까 각종 와인들과 그 와인들에 대한 평가를 전문으로 하는 사람이지. 같은 날 우리의 모임에 함께 한다면 대화를 한층 더 풍성하게 해줄 거라고 늘 생각했지.

플라톤

암, 전문가가 있으니 그럴 테지! 그런데 말일세, 그런 문제에 전문가가 존재하기는 하는 건가? 만일 그렇다면 우리는 무엇으로 그가 전문가임을 알 수 있을까?

베블런

거 참, 현명한 자네답군, 플라톤. 내 생각엔 우리가 바로 그 문제에서 출발해야 할 것 같으니까. 전문가의 감정을 정의하려면 절대로 겸손해선 안 될 걸세. 자네의 저술 이후 서양의 거의 모든 사람들이 그러하듯, 우리도 지식, 즉 정당화된 진정한 견해의 정의에 토대를 두어야 하지 않겠는가. 이 점에 관해서라면 자네들 모두 앨프리드 노스 화이트헤드Alfred North Whitehead가 한 말을 들어보았을

소스타인 베블런,
에드윈 B. 차일드의 그림, 1934년.
예일대학교 아트 갤러리

걸세. 화이트헤드는, 특별히 독설이랄 것도 없지만, 모든 서양 철학은 자네의 저술에 대한 미주에 불과하다고 하지 않았나.

플라톤 (다소 민망해하면서도 미소를 잃지 않는다.)
그런데 또 내가 쓴 글이라는 건 따지고 보면 소크라테스가 글로 남기지 않은 내용에 붙이는 미주에 불과하단 말일세….

모두들 허심탄회하게 웃는다.

하이얌
내가 지금 하려는 말에 여기 있는 모든 사람들이 동의할 걸세. 플라톤이 말했듯, 무언가를 안다는 건 진실한 견해를 표현하고 납득할 만한 이유를 제시해서 그것을 진실로 간주하는 것이지. 그러므로 주어진 어떤 한 분야의 전문가란 진실에 입각한 의견을 표명하며, 뚜렷한 근거도 없이 되는 대로 그런 행동을 하는 것이 아니라 반드시 그럴 만한 이유에 따라 자신의 의견을 제시하는 사람이라고 해야겠지. 와인 전문가로 말하자면, 중요한 건 그 분야에서 감정이라는 행위를 가능하게 할만한 지식이 존재하느냐 아니냐를 먼저 자문해보아야 한다는 점이지.

모두들 동의한다. … 그리고 모두들 구텐바인 쪽을 본다.

구텐바인
철학적 정확성에 관해서라면 조금 후에 이야기하기로 하고, 지금은 일단 우리 모두는 자신의 감각을 통해 세상을 지각한다는 사실에만 동의하기로 하세. 이렇듯 감각을 통해 수집된 자료들이란 물론 주관적일 테지. 이런저런 감각을 느끼는 주체가 나 자신이니 말일세. 그런데 사정이 그렇기만 하다면 달리 더 할 말이 없겠지. "맛에 대해서는 왈가왈부하지 않는다De gustibus non est disputandum"는 라틴어 속담처럼 말일세. 나는 이 와인 한 모금을 마시면서 내가 느끼는 그 감각을 사랑한다네. 자네들은 안 그런가? 만일 그렇다면 이야기는 끝난 걸세. 더 이상 논쟁거리는 없으니까.

하이얌
지금 현재로서는 아직 우리에게 그 와인을 주지 않았으니, 우리는 그 맛에 대해 의견을 달리할 수조차 없는 형편이로군!

칸트 (이미 뚜껑을 딴 와인 병을 내보인다.)
어허, 이런, 내가 손님 대접에 너무 서툴렀군! 용서하게나. 우선 이 카나리아 제도산 와인으로 시작하세. 내가 아주 좋아하는 와인이라네. (칸트가 손님들의 잔에 와인을 따른다.) 이 친구 말처럼, 이건 완전히 주관적인 견해긴 하네만 말일세. 자네들이 이 와인의 맛이 고약하다고 해도 난 자네들 의견을 반박할 마음이 없다는 말이지. 아울러, 자네들이 미학적인 분야에서의 내 견해를 잘 안다고 해도 그 판단이라는 것은 어디까지나 개인적인 이해에 좌우되는 것일 뿐, 그것이 진정한 미학적 판단이 될 수 없는 건 당연한 이치겠지. 그건 그렇고, 다시 우리 친구에게로 돌아오면 말일세, 순전히 주관적인 이 판단이 자네가 직업적으로 하는 일이겠군. 그리고 보니 자네는 참 희한한 직업을 가졌네그려.

식탁에 관한
칸트의 철학적 단상

칸트의 저작은 자신의 인생을 이끌어가는 방법, 그것도 우리가 생각하는 것보다 훨씬 실용적인 방식으로 인생을 살아나가는 데 필요한 영감을 제공하는 마르지 않는 샘이다. 그가 쓴 『실용주의 관점의 인류학Anthropologie du point de vue pragmatique』에서 발췌한 몇 가지 처세술을 소개한다. 이 구절들은 요즘 우리가 구독하는 잡지에서 가장 인기 많은 칼럼들에 전혀 뒤지지 않는다.

– 되도록 식사는 혼자 하지 않는 편이 바람직하다. 다른 이들과 함께 먹는 식사야말로 진정한 의미에서 우리의 세련된 인류애의 발현이다.

– 함께 식사하는 사람의 수는 중요하다. 주빈을 빼고도 식탁에 둘러앉은 사람들의 수가 적어도 카리테스(3)(그리스 신화에서 인생의 우아함, 아름다움을 상징하는 우미優美의 여신. 단수는 카리스. 라틴어로는 그라티아이—옮긴이)보다 적어서는 안 되며, 그렇다고 무사이(9)(그리스 신화에 등장하는 아홉 명의 여신으로 예술가들의 활동에 영감을 준다. 단수는 무사, 영어로는 뮤즈—옮긴이)보다 많아서도 안 된다. 4명에서 10명 정도가 가장 이상적이다.

– 음악을 들으면서 식사를 하는 것은 나쁜 취향을 드러내는 끔찍한 처사다. 식사는 대화의 시간이므로 참석한 사람들 서로에게, 먹는 즐거움 외에 함께 이야기하는 기쁨까지 제공해야 한다.

– 음식이 풍성하게 준비되어 식사 시간이 길어지게 될 경우라면, 대화는 세 단계 정도로 구분되는 것이 바람직하다. 제일 먼저 일상적인 이야기로 시작하여 참석자들과 그들의 지인들의 안부와 근황을 챙긴다. 이어서 이성적인 고찰을 하는 단계로 넘어가, 조금 전보다 더(혹은 덜) 진지한 여러 다양한 주제에 대해서 의견을 교환하며 토론을 벌인다. 이는 식사에 나오는 음식과 음료에 대한 식욕을 한층 예리하게 단련시킨다. 마지막으로 재치 문답과 농담으로 넘어가 앞서 나눈 토론으로부터 휴식을 취하고, 먹은 음식을 소화시킨다.

– 함께 식사를 한다는 것은 서로에 대한

존중과 신뢰를 표현하는 행위임을 명심한다.

– 참석한 사람들 모두가 자신 있게 의견을 피력할 수 있는 주제를 선택한다.

– 잠깐의 휴지기는 허용하되 치명적인 침묵이 오래 감돌도록 해서는 안 된다.

– 이 주제에서 저 주제로 두서없이 넘어가거나 사적인 대화는 피한다.

– 특정인이 자기 의견만을 고집하도록 내버려두거나 지나치게 오래 대화를 독점하도록 해서는 안 된다. 식탁에서의 대화는 일종의 놀이일 뿐 전투가 아니다.

– 대화할 때의 어조 역시 대화 내용만큼이나 중요하다는 사실을 명심해야 한다. 특히 심각한 주제에 관해서라면 더욱 그렇다.

출처 : 이마누엘 칸트, 『실용주의 관점의 인류학』(독일어 원서명은 Anthropologie in Pragmatischer Hinsicht—옮긴이), 1부, 88번째 문단. 파리, 플라마리옹 출판사, 1993년.

구텐바인

그런데 말일세, 칸트 교수, 일이 거기서 끝나는 게 아니거든. 모름지기 모든 예술은 처음에는 주관적인 감각에서 출발하지. 음악에서는 소리, 회화나 건축에서는 색과 형태, 또 다른 분야에서라면 다른 어떤 요소들이 토대가 된다, 이런 말이야. 그런데 이 주관적인 지각이 몇몇 기준과 비교되어, 이 기준을 잘 알며 따라서 보다 식견 있는 방식으로 평가할 수 있도록 자신의 감각을 기르고 이를 실제에 적용하는 사람들에 의해 평가되곤 하지. 바로크 음악을 알지 못하는 사람은 바흐의 작품을 판단할 역량을 갖추었다고 할 수 없게 되는 게야. 그는 그저 자신의 개인적이고 주관적인 감각에 머물러 있을 뿐이지. 모든 예술과 그 예술이 낳은 모든 변주, 가령 바로크 음악에서부터 재즈를 지나 랩에 이르기까지 음악의 모든 장르가 다 마찬가지라고 할 수 있지.

플라톤

우리가 그 같은 전제를 받아들인다면 이제 중요한 이야기들을 이어갈 수 있겠군.

구텐바인

자네가 그렇게 말할 것으로 짐작하고 있었지.

플라톤

내 한마디 하지. 어떤 한 작품에 대해서 주관적인 평가를 하면서 그와 동시에 나는 그 주관적인 나의 평가가 객관적으로도 성공적인 평가가 될 수 있다는 것을 알 수도 있지. 왜냐하면 그 작품은 구현하고자 하는 기준에 들어맞으니까. 그 그림을 좋아하느냐 아니냐가 문제가 아니라, 그 그림이 그 기준에 합당하다는 말이지.

하이얌
자네를 곤경에서 구해줄 겸, 아주 딱 어울리는, 하지만 자네가 말하려는 것과는 반대되는 사례를 하나 들려주겠네. 그런 사례가 있고말고. 우리는 하나의 음악 작품은 훌륭하다고 평가하면서 동시에 이런 순간 혹은 저런 순간에 실현된 그 곡의 연주는 형편없다고 느낄 수 있지.

구텐바인
맞는 말이야. 그리고 그처럼 특별한 사례가 공교롭게도 와인에도 아주 잘 들어맞는다네. 때문에 샴페인을 좋아하지 않으면서도 특정한 샴페인에 대해 그것이 지닌 모든 장점을 열거하고, 그것을 장점이라고 치켜세울 수밖에 없는 이유를 제시해가며 그 샴페인을 묘사하는 일이 얼마든 가능하다, 그렇게 하는 것이 전혀 모순되지 않는다, 이런 말이지. 그러기 위해서는 물론 평가라는 것이 교육의 기반 위에서 이루어져야 할 테지. 플라톤식으로 말하면, 그래야 이 일시적이고 덧없는 발현(길어야 샴페인 한 모금이 목구멍을 넘어가는 데 필요한 시간 정도가 아니겠나)을 통해 본질적으로 이상적인 가치가 있는 어떤 것, 그런 것이 있다면 말이지만, 아무튼 뭔가를 포착할 수 있을 테니까. 그러려면 우선 포도의 품종이며 그에 따른 각기 다른 맛과 향, 타닌을 비롯해 종류별 와인의 분자 구조 등도 알아야겠지. 이 와인은 꽃향기를 지녔을까, 과일 맛이 날까, 숲의 초목 계열일까? 심지어 광물이나 향신료 냄새가 나는 와인도 있다네. 게다가 이러한 평가는 역사적으로 축적되어 온 데다 상황에 따라 달라질 수도 있지. 학습도 가능하다네. 몇몇 특정 연도에 생산된 이 와인은 별로라는 말도 있을 수 있고, 이 와인은 어떤 해에는 이러저러한 점을 수정했고, 그 덕분에 효과를 봤다는 말도 성립하니까.

칸트
자, 그렇다면 우리 친구들은 어떻게들 생각하시나?

하이얌
나는 자네들에게 와인의 평가란 적어도 예술의 지위, 아니 최소한 객관성이라는 지위를 획득하기 위한 지원자에 버금간다는 사실만큼은 확고하게 확인시켰다고 보네. 하지만 어쩐지 내가 보기에 이 지원자는 입학시험에 떨어질 것 같아 불안하군. 그런 마음이 드는 이유들 가운데 하나는 말이지, 우리의 여러 감각들 가운데에서 미각은, 적어도 우리 같은 현대인들에게 있어서는 가장 덜 발달한 감각이기 때문이지. 게다가 2011년 리처드 와이즈먼Richard Wiseman[4]이라는 심리학자가 다소 장난기가 있긴 하나 그럼에도 아주 교육적인 실험을 하나 했다네. 눈을 가린 상태에서라면 사람들은 최상급 와인과 저급한 싸구려 와인을 전혀 구별하지 못한다는 결과가 나왔다지 뭔가!

베블런
여기에 대해서는 반드시 답을 들어야겠군.

구텐바인
그 답을 제시하는 건 별로 어려운 일이 아니지. 우선 그 실험에서 사용

"지구는 우리에게 답해줄 수 없지, 곡을 하는 바다도 마찬가지이고", 『오마르 하이얌의 4행 시집Rubaiyat of Omar Khayyam』에 수록된 아델라이드 한스콤Adelaide Hanscom의 사진, 1912년.

된 방법에 대해서 트집을 좀 잡자면 말일세, 실험에서는 두 가지 와인을 비교한 것이 아니라, 한 번에 하나의 와인을 맛보게 하고서 그것이 좋은 품질인지 아닌지 평가하라는 과제를 주었다네. 어쨌거나 이 실험은 나의 이론을 무력화하는 것이 아니라 오히려 재차 확인해준 셈이지. 실험에 참가한 사람들은 마침 전문가들이 아니었고, 그들의 평가는 지식을 갖추지 않은 상태에서 내려진 거였으니 말일세. 태어나서 내내 랩만 듣다가 처음으로 바흐의 푸가를 들은 어떤 사람이 그 음악에 대해 내린 평가란 더도 덜도 아니고 딱 그만큼의 가치, 그러니까 전혀 가치가 없단 말이지. 그리고 미각이 상대적으로 덜 발달된 감각이라는 자네의 논지에 관해서는 두 가지 반대 논리를 제시할까 하네. 첫째로 미각은 다른 감각들과 마찬가지로 교육될 수 있는데, 자네도 우리 조상들에게는 그 감각이 좀 더 완벽했다고 말함으로써 여기에 암묵적으로 동의했다고 볼 수 있지. 두 번째 논거로는 와인 전문가의 감정은 완전히 맛에 대한 평가에만 국한되지 않는다는 사실을 들고 싶네. 와인에 대해 배울 땐 말일세, 처음에는 우선 와인을 눈으로 바라보고, 그 다음 코로 냄새를 맡아보게 하지. 그런 다음에 비로소 입으로 가져가 맛을 보고, 이 과정을 다 끝낸 다음 종합적으로 결론을 내리는 걸세.

칸트
내가 보기엔 이 정도면 이 친구가 반대 의견에 제대로 답을 한 것 같군.

베블런
정확한 말이네. 하지만 다른 문제들도 있지. 중요하기도 하고, 내가 보기에는 어쩌면 반박하기 훨씬 어려워 보이는, 아니 심지어 불가능해

보이는 문제들이 있단 말일세.

칸트

호, 그렇군! 어디 어떤 문제인지 말해보게나, 친구. 더구나 자네는 지금 까지 거의 입을 열지 않았으니 말이야.

베블런

나의 반론은, 당연히 그래야 하지만, 전문가로 추정되는 자들에 대한 조사에서 기인한다네. 우선, 전문가라고 하는 사람들도 그들이 주장하는 것처럼 미각이 발달하지 않은 것 같다는 의혹이 들거든. 조사 결과 그들이 실제로는 서너 가지 맛 정도만 구별할 뿐이라는 심증이 짙다는 걸세. 비록 그들 자신은 여섯 가지 혹은 그 이상도 구별 가능하다고 주장하지만 말이야. 더구나 이는 생물학적 한계이기 때문에 아무리 열심히 훈련을 한다고 해도 그 한계를 뛰어넘기란 불가능하다는군.[5]

자, 이제 두 번째 반론을 말해보겠네. 로버트 호지슨Robert Hodgson은 와인 애호가인데다 직접 와인을 생산하기도 하지. 은퇴한 통계학자이기도 하다네. 그는 와인 경진대회 같은 곳에 참가할 때면, 자신이 생산한 와인에 대해 전문가들이 주는 점수가 차이가 많이 나서 늘 놀랍다더군. 그 때문에 그는 눈을 가린 전문가들에게 똑같은 와인을 세 번씩 시음하게 해보자는 꾀를 내게 되었지. 그 전문가라는 사람들도 대충 고른 것이 아니라 캘리포니아주 와인 대회, 즉 와인계에서는 세계적으로 가장 인정받는 대회 중 하나인 그 대회의 심사위원 가운데에서 초빙했다네. 그 결과 80에서 100점 사이에 위치한 점수를 받았는데, 점수 각각은 평균 4점가량의 차이를 보였지! 다시 한 번 말하거니와 분명 똑같은 와인이었다네! 몇몇 전문가들은 이보다 더 형편없는 평가 결과를 내놓기도 했지. 아무튼 2점차 이하로 평가한 사람은 아무도 없었다네.[6] 이제 세 번째 반론을 제시할 텐데, 이건 앞의 두 가지보다 훨씬 충격적이지. 2001년, 질 모로Gil Morrot, 프레데릭 브로셰Frédéric Brochet, 드니 뒤부르디외Denis Dubourdieu 이렇게 세 사람은 54명의 전문가들에게 각각 레드 와인과 화이트 와인 한 잔씩을 내밀었다네.[7] 전문가들의 평은 일단 레드 와인은 레드 와인으로, 화이트 와인은 화이트 와인으로 제대로 감정했다는 것을 보여줬지. 매번 적절한 어휘로 각각의 와인을 묘사했으니까. 문제는 그 와인 두 잔이 전부 화이트 와인이라는 사실이었네. 그러니까 두 잔 가운데 하나는 식용 염료로 빨갛게 물들인 와인이었던 게지. 그런데 아무도, 단 한 명의 전문가도 그 사실을 알아내지 못했네! 나는 이런 사례를 얼마든지 제시할 수 있네. 이 주제를 다룬 믿을 만한 연구를 볼 때마다 느끼지만, 중요한 건 하나 같이 와인 평가에 있어 우리가 자주 접하는 전문가적 감정은 없는 것 같다는 강한 인상을 준다는 걸세. 나 역시 미각이 교육을 통해서 개발될 수 있다거나, 학습을 통해 와인에 관한 많은 지식을 쌓을 수 있다는 것을 부인하지 않네. 다만 그렇게 형성된 미각이나 지식이 명실상부한 감정, 다시 말해서 어떤 와인을 사고 어떤 와인을 마실 것인지 우리 모두가 따를 만한 지침을 제공하진 않는다는 걸세. 결국 각자가 자신의 입맛대로 결정할 뿐이지.

칸트
그런데 그 말을 들으니 우리 앞에 또 하나의 어려운 문제가 제기되는군. 바로 와인을 대상으로 하는 가히 광적인 소비 열기는 어떻게 설명

와인 블라인드 테스트를 시도해보자

마르크 샤플로

일단 서너 사람(이 테스트는 소수의 인원만으로 진행되는 편이 낫다)이 한 자리에 모이면 주제와 예산을 정하라. 가령 '랑그독 레드', 이런 식으로 와인의 큰 범주를 정한다. 그런 다음 가장 가까운 와인 매장에 가서 이 지역에서 생산되며 값이 각기 다른 와인 네 가지를 택한다. 이때 최대한 생산지와 생산 연도를 달리 한다(만에 하나 한 병에서 병마개 냄새가 날 경우를 대비해서 한 가지 종류를 두 병씩 산다). 이때 선택하는 와인이 다양할수록 각각의 와인 사이에는 차이가 클 테고, 그만큼 많은 의견이 오가면서 대화가 풍성해질 것이다.

시음에 앞서, 구입한 와인들은 적어도 한 시간 가량 냉장고에 넣어 차게 한다. 냉장고에서 꺼낸 와인들은 종이봉투에 넣거나 알루미늄 포일로 완전히 감싸고, 그 위에 번호를 매긴다. 시음용 잔(입구 쪽이 좁은 잔)에 와인을 3분의 2 정도 채운다. 참석자들 모두의 잔이 채워지면, 테스트를 시작한다.
침묵은 금이다. 약 10분 정도 말없이 와인을 음미한 후 소감이나 메모를 적어둔다. 이때 메모는 짧을수록 좋다.

검열 따위는 있을 수 없다! 테스트 진행자는 한 사람씩 차례로 의견을 말하게 한다. 참석자는 빠짐없이 자기 생각을 솔직하게 말한다. 자기 검열은 금물. "난 특히 3번 와인이 마음에 들었습니다. 맛도 좋은 데다, 그 좋은 맛이 입안에 오래 남아 있더군요. 반면, 첫 번째로 마신 와인은 너무 싫더군요! 외양간 냄새가 나는 것 같아서 나한테는 진짜 별로였습니다. 감사합니다!"

검열은 없으나 그래도 약간의 규율은 필요하다. 블라인드 테스트를 제안한 자 혹은 테스트 진행자는 필요하다면 모든 참석자들에게 모임의 목적을 상기시켜가며 거기에 부합하는 요구를 할 수 있다. 비록 자신이 대단한 와인 애호가가 아닐지라도, 그는 대화가 길을 잃고 산만하게 흩어지지 않도록 끊임없이 좌중의 토론을 와인으로 끌어와야 한다. "…다시 와인으로 돌아오자면, 다른 것들보다 유독 마음에 들었고, 구입하고 싶다는 마음이 든 와인이 있었나요? 그렇다면 그 이유는 무엇인가요? 맛이 좋아서? 아니면 독하지 않고 순해서? 혹은 그 반대로 맛이 진해서? 루이, 자네는 아직 한 마디도 하지 않았는데, 자네 생각은 어떤가?"

참석자들은 마신 와인을 매번 다시 뱉어야 할까? 아마도 그러는 편이 좋을 것이다. 가령 테스트가 끝나고 나서 함께 식당으로 갈 생각이라면 말이다. 그렇지 않다면 편안한 마음으로 와인을 삼키면 된다.

대략적인 윤곽은 이 정도가 되겠지만, 짐작하다시피 이런 종류의 '와인 이벤트'는 수백, 수천 가지 다른 방식으로 진행할 수 있다. 오직 당신의 상상력과 … 주머니 사정만이 한계일 뿐!

출처 : 마르크 샤플로, "와인 시음회를 진행하는 법", 《레자페르》지, 2010년 9월 3일 자[www.lesaffaires.com/passions/art-de-vivre/comment-organiser-une-degustation-de-vin/517999].

해야 하는가 하는 문제일세. 몇몇 와인은 때로 천문학적인 가격은 물론 특수한 지하저장실에 보관되며, 종교 제례 같은 특별한 시음 예식과 와인과 관련한 전문화된 어휘, 그리고 그러한 것들을 소개하는 전문 잡지 등도 출현시키고 있으니 하는 말일세.

베블런

내 의견을 말하자면, 난 그러한 현상을 나의 '과시적 소비 이론'으로 설명할 수 있을 거라고 보네. 다 그렇지는 않지만 분명 와인은 유한계급*에 속하는 자들이 허영심과 과시욕이 뒤섞인 가운데, 자기들은 이런 것도 지불할 여력이 있음을 보여주기 위해 소비하는 품목 가운데 하나지. 그 자들은 그렇게 함으로써 딱히 필요하지 않은 뭔가를 위해 비용을 지불할 역량이 있음을 드러내 보이는 게지. 이런 의미에서 본다면, 값이 비쌀수록 효과가 더 좋을 테지!

하이얌

그렇다면 그건 일종의 스노비즘(고상한 체 하는 속물근성―옮긴이)이 되겠군. 하지만 그 점을 인정한다고 해도, 그리고 와인의 맛에 있어서는 확실히 일부 사람들이 요구하는 전문가의 평가가 정립되기 힘들겠다고 동의한다고 해도, 내가 보기에는 그냥 그렇게 인정하고 손을 놓아

---

* 대다수 사람들에게 베블런은 『유한계급론』의 저자로 알려져 있다. '노는 계급', '여가를 즐기는 계급'을 뜻하는 유한계급은 생산 과정에 종사하지 않고 수탈을 통해 이익을 얻으므로, 노동하지 않아도 되는 일부 상류계급을 가리킨다. 사치품이 잘 팔릴 때 등장하는 개념인 베블런재(Veblen財)는 잉여로움을 과시하려는 욕구와 자본주의적 소비가 결합한 결과라고 할 수 있다.

버리는 건 어쩐지 아주 중요한 뭔가를 놓치는 것 같네.

칸트

자네 생각대로라면, 친애하는 하이얌, 그 중요한 뭔가가 도대체 뭔가?

하이얌

구텐바인도 살짝 언급했듯이, 와인을 소비하는 건 우리 각자의 기억과 지식을 건드리는 아주 내밀한 경험이지. 비록 그 기억과 지식이 불완전하다 해도 말일세. 다시 말해서 우리가 하나의 역사 안에, 문화 속에 닻을 내리는 행위라는 뜻이 되겠지. 대부분의 경우 그건 또 나눔이라는 사회적 체험이기도 하다네. 마치 주어진 한 공간에서 여럿이 함께 음악을 들을 때와 마찬가지로 말일세. 그것이 같은 곡이 녹음된 레코드판을 각자 혼자서 듣는 것과는 아주 다른 경험인 것과 마찬가지로, 좋은 사람들과 술을 마시는 건 혼자 술을 마시는 것과는 아주 다르지.

칸트

좋은 말이야. 그런데 솔직히 나는 자네가 취기에 대해 말하려나보다 하고 기대했네만.

하이얌

취기라, 말 한 번 잘했네. 인사불성 상태가 아니라 적당한 취기. 취한다는 건 물리도록 마신다는 것과는 근본적으로 다르니 하는 말이네. 난 우리 친구 플라톤이 그가 쓰고 인용한 대화에서 인사불성이 되도록 마시기에 대해 언급했어야 한다고 생각하네만, 그래도 그가 와인과 취기를 예찬했으므로 그 정도는 용서해주기로 했지. 내가 그 예찬 대목을 읊어보겠네.

"신은 인간에게 와인을 줌으로써 그들에게 노화의 무자비함을 완화시킬 수 있는 치료제를 제공했지. 그 치료제는 우리로 하여금 젊음을 되찾게 해주고, 우리의 슬픔을 잊게 해주며, 우리의 경직된 본성을 부드럽게 만들어주지. 마치 불 속에 놓인 쇠붙이가 말랑말랑해지듯이 말이네."[8]

칸트

친구들, 이제 우리가 제우스와 세멜레의 아들(디오니소스를 가리킴—옮긴이)을 위해 건배를 들어야 할 때가 된 것 같군. 그 덕분에 우리가 이런 심포지엄 자리에서 함께하는 즐거움을 만끽하는 게 아니겠나? 디오니소스, 아니 원한다면 박카스 신을 위해 건배하지. 그 둘은 어차피 같은 신이지. 포도와 와인의 신, 신비스러운 광기의 신.

모두들 동시에 잔을 들어올린다.

주

1. 루트비히 비트겐슈타인, 『논리철학논고Tractacus logico-philosophicus』, 파리, 갈리마르 출판사, '텔' 총서, 1993년, 31쪽. (국내에서는 2012년 서광사에서 『논리철학론』이라는 제목으로 번역 출판했다—옮긴이)
2. 아랍-페르시아식 4행시.
3. 플라톤, 「법률」.
4. 리처드 와이즈먼, "비싼 와인이나 싸구려 와인이나 대다수의 사람들에게는 맛이 같다 Expensive wine and cheap plonk taste the same to most people", 《가디언》지 2011년 4월 14일자 [www.theguardian.com/science/2011/apr/14/expensive-wine-cheap-plonk-taste]
5. 앤드류 리브모어Andrew Livemore와 데이비드 G. 레잉David G. Laing, "다중복합 후각 혼합물의 지각에 미치는 훈련과 경험의 영향Influence of training and experience of the perception of multicomponent odor mixtures", 《실험 심리학지: 인간 지각과 수행Journal of Experimental Psychology : Human Perception and Performance》지, 통권 22호, 1996년 4월 2호, 267~277쪽.
6. 로버트 호지슨, "미국 와인 경진대회에 있어서 심판관의 신뢰성 조사An Examination of Judge Reliability at a major U.S. Wine Competition", 《와인 경제학 저널Journal of Wine Economics》지, 통권 3호, 2008년 가을, 2호, 105~113쪽.
7. 질 모로, 프레데릭 브로셰, 드니 뒤부르디외, "냄새의 빛깔The Colors of Odors", 《뇌와 언어Brain and Language》지, 통권 79호, 2001년 11월 2호, 309~320쪽[doi:10.1006/brin.2001.2493]
8. 플라톤, 「법률」, ibid.

와인 위원회 (미국 의회도서관)

**식탁에서
나누면 좋을
대화 주제**

①
원산지를 알 수 없도록 미리 종이로 꼼꼼하게 포장한 레드 와인 또는 화이트 와인 한 병을 가져온다. 식탁에 둘러앉은 손님들에게 차례로 와인을 따라주고 마시도록 권한다. 그 다음에 마신 와인의 산지와 가격을 묻는다. 모두가 답을 하면 포장지를 벗기고 각자의 대답을 비교해본다.

②
초대 손님 각자에게 이성적이고 책임감 있게 술을 마시려면 일주일에 몇 잔 정도가 적당할지 묻는다. 그런 다음 자기 앞에 놓인 잔에 담긴 와인의 알코올 도수를 알아맞히도록 한다.

③
손님들에게 각자 술을 마시는 방식을 얘기하도록 하여 서로 비교해본다. 매주 규칙적으로 소량을 절도 있게 마시는 것과 특정한 기회에 지속적으로 마시는 것 중에서 무엇이 더 힘들고 어려운지 이야기해본다.

이 주제에
관해
읽을 만한 책

→ 에우제니아 살자 프리나 리코티
Eugenia Salza Prina Ricotti, 『고대 그리스의
연회술L'arte del convito nella Crecia antica』,
2005년. 루스 안 로테로Ruth Anne Lotero
가 영어로 번역하여 『고대 그리스에서
전해진 식사와 요리법Meals and Recipes
from Ancient Greece』(로스앤젤레스, J. 폴
게티 뮤지엄, 2007년)이라는 책으로 소
개되었음.

→ 오마르 하이얌, 『루바이야트Rubaiyat
(또는 4행시)』. 여러 언어로 번역되었으
며, 많은 판본이 나와 있다.

→ 로저 스크러턴Roger Scruton, 『나는
마신다, 고로 나는 존재한다Je bois donc
je suis』, 파리, 스톡 출판사, 'Essais et
document' 총서, 2011년.

→ 『와인과 철학 : 생각하고 마시는 것
에 관한 심포지엄Wine & Philosophy : A
symposium on Thinking and Drinking』, 프리
츠 앨호프Fritz Allhoff 지도, 옥스퍼드, 블
랙웰 출판사, 2008년.

→ 배리 C. 스미스Barry C. Smith, 『취향
의 문제 : 와인의 철학Questions of Taste :
The Philosophy of Wine』, 옥스퍼드, 옥스
퍼드 대학출판사, 2007년.

2

식탐이라는
죄

일곱 가지 중죄
가운데
가장 아름다운
죄악?

우리는 때로 '인간이 모든 것의 척도'[1]라고 주장한

고대 그리스의 궤변가 프로타고라스Protagoras(기원전 486~410년)가

실제로는 그저 '모든 것은 상대적'이라는 주장에

힘을 실어주고 싶었을 거라고 이야기하곤 한다.

그런데 그건 그의 입장에서 보자면 너무 야박한 지레짐작이다.

아무렴, 누군가에게 식탐으로 보이는 것이 어쩌면 다른 누군가에게

는 그저 건강한 식욕에 불과할 수도 있다.

모든 건 정도와 주관성의 문제인 것이다.

그리고 바로 이와 같은 성찰이

토마스 아퀴나스Thomas Aquinas(1225~1274년)로 하여금

식탐이 정말로 죄에 해당하는지 자문하게 만들었다.

반대로, 금식을 하는 것 또한 교만의 죄에 해당되는 건 아닐까?

우리는 1323년 시성식을 통해 성자의 반열에 올라선

토마스 아퀴나스의 자취를 따라가면서

프로타고라스의 성찰을 이어나갈 수 있다.

가령 식탐이 과연 그토록 중대한 죄인지 자문하면서 말이다.

"죄란 우리 삶을 건드리면서 끊임없이 새로운 곳으로 데려가는 바람 같은 것이다."

—마르셀 에메(Marcel Aymé)

쇠고기 볼로방vol-au-vent au boeuf

정오. 중세 수도원의 식당. 수도승들은 관례대로 동료 한 명이 경전을 낭독하는 소리를 들으며 식사를 마친다.

그런데 갑자기 장난기 많은 젊은 수도승들 때문에 반드시 지켜져야 하는 침묵이 깨진다. 그들이 창가에 서서 바깥을 보면서 흥분한 듯 소리를 지르며 소란을 피우는 것이다.

"와, 소가 날아다닌다! 어서들 와서 보세요, 정말 놀라운 일이잖아요! 밖에서 소 한 마리가 하늘을 난다니까요!"

농담을 즐기는 이들의 성품을 아는 지라 아무도 꿈쩍하지 않는다. 하지만 젊은 수도승들의 끈질긴 부추김에 결국 나이 든 수도승이 해괴한 장면의 증인이 되고자 나선다. 살집이 제법 두둑한 그가 자리에서 일어난다. 진지한 표정으로 다가온 그는 창밖으로 시선을 돌린다. 당연히 아무것도 없다. 그때 젊은 수도승들이 웃음을 터뜨린다.

"좀 보시라니까요. 말없는 소가 글쎄 날아다니는 소가 있을 거라고 믿었지 뭡니까. 날아다니는 소라뇨!"

'말없는 소'라고 놀림을 받아도 평정심을 잃지 않은 수도승은 서글픈 표정으로 젊은이들을 바라본다. 잠자코 그들의 웃음이 그치기를 기다린 그는 젊은이들이 잠잠해지자 점잖게 한마디 하고서 제자리로 돌아온다.

"난 말일세, 거짓말을 하는 수도승보다는 날아다니는 소가 존재할 확률이 훨씬 높을 것 같아서 보러왔었네."

이 수도승의 이름이 바로 토마스 아퀴나스다.

여러 버전으로 전해지는 이 일화는 모르긴 해도 아마 도시가 낳은 전설일 것이다. 어쨌거나, 이 이야기는 젊은 토마스 아퀴나스의 몇몇 특성을 잘 드러내 보인다. 수줍음 많고 내성적인 태도 때문에 우둔해 보일 정도였던(실제로 그는 진혀 그렇지 않았나) 그의 됨됨이가 그를 놀림감으로 만들었으니 말이다.

아닌 게 아니라 동료들은 그에게 '시칠리아의 벙어리 소'라는 별명을 붙여주었다. 이 별명이 그의 스승들 가운데 한 사람인 알베르투스 마그누스Albertus Magnus의 귀에 들어가자, 그는 이렇게 말했다. "그 벙어리 소의 외침이 이제 곧 온 세상에 울려 퍼질 것이다."

역사는 그의 예언이 적중했음을 확인해준다.

할 말이 아주 많은 벙어리 소

이탈리아에서 태어난 토마스 아퀴나스는 처음에 로마 인근 라치오주에 있는 베네딕토 수도원 학교에서 공부했으며, 그 후 나폴리 대학에 진학했다. 나폴리에서 그는 그 무렵(1215년) 새로 생겨난 도미니코회에 들어간다. 파리로 보내진 그는 명망 높은 신학자이자 아리스토텔레스Aristote(기원전 384~322년) 철학에 정통한 알베르투스 마그누스의 지도를 받는다. 제자를 몹시 아낀 스승은 그를 쾰른으로 보내 학문을 계

철학자의 식탁

속하도록 주선한다.

교수가 되어 파리 대학에서 학생들을 가
르치던 토마스 아퀴나스는 이탈리아로 돌아
가 거기에서 10년 동안 교편을 잡고는 다시 프
랑스로 돌아온다. 부지런한 일벌레였던 토마
스 아퀴나스는 엄청나게 많은 글을 썼으며, 그

성 토마스 아퀴나스.
고촐리 그림. 1470~1475년

글을 통해서 아리스토텔레스의 이론과 교회의 이론, 이성과 신앙의 화
해를 제안했다. 그는 진리로 간주되는 성서의 가르침이 아리스토텔레
스의 가르침과 양립 가능함을 증명하고(당시 사람들은 그를 '아는 자들
의 스승'이라고 불렀다), 지식이 신앙에 반기를 들지 않음을 증명해보이
기 위해 노력했다.

1273년 12월, 미사를 집전하던 도중 토마스 아퀴나스는 그를 혼란
스럽게 만드는 뭔가를 본다. 이를 가리켜 어떤 이들은 영적인 체험을
했다고 묘사하는가 하면, 심장 발작을 일으켰다고 해석하는 평자들도
있다!

이후 그는 자신이 이제껏 신과 신의 신비함에 대해 이해했다고 믿
었던 것이 한낱 '지푸라기'에 불과했다고 말하면서 저술 활동을 중단
했다. 그리고 머지않아 거의 실어증에 걸린 채로 숨을 거두었다.

1323년에 성인이 되었고, 1567년에 교회 학자가 된 토마스 아퀴
나스는 가톨릭교회에서 가장 영향력 있는 사상가 가운데 한 명으로 손
꼽힌다. 더구나 오늘날까지도 사람들은 정기적으로 그의 저작들을 재
조명하곤 한다.

수도승들의 식탁

중세 수도원들은 최대한 세속 사회에 의존하지 않는 삶을 추구한 탓에, 영적인 면에서나 물질적인 면에서 모두 자치적이고 자급자족적이고자 했다.

하나의 신앙 공동체는 그들이 기거하는 공간, 그리고 그 가까운 곳에 채소를 기르는 텃밭, 각종 향신료를 재배하는 허브 정원, 물고기를 잡을 수 있는 연못, 과실수가 자라는 과수원 등을 소유할 수 있다. 이도 저도 여의치 않다면, 주변 숲에서 열매, 호두, 꿀, 그 외 식용 짐승들을 구할 수 있다.

베네딕토 수도회 소속 수도승들은 성 베네딕토의 가르침에 따라 식사를 했다. 그 말인즉, 식당에 모두 함께 모여서 침묵하는 가운데(오직 신호를 주고받는 것만 허용되었다), 수도승 하나가 소리 내어 읽는 경전을 들으며 식사를 했다는 뜻이다.

음료는 물을 마셨으나, 수도원에 딸린 포도밭에서 재배한 포도로 담근 와인을 비롯하여 수도승들 자신이 제조한 것이라면 맥주 등 다양한 술이 허용되었다.

샤르트르회 수도사들의 식당에 앉은 성 위그,
프란시스코 데 수르바란 그림, 1630~1635년

식탐을 두고 해보는 여섯 가지 질문

대표작 『신학대전』에서 그는 신학에 처음으로 입문하는 학생들의 안내자 역할을 자처한다. 그는 이 책에서 신과 천지창조, 선과 악, 각종 성사聖事 등과 같은 방대하고도 다양한 주제를 섭렵한다.

토마스 아퀴나스는 이 대작의 두 번째 부분, 즉 개별적 도덕 편에서 식탐이라는 주제를 다루는데,[2] 이를 위해서 당시 통용되던 방식, 좀 더 정확하게 말하자면 중세 대학에서 주로 사용되던 교수법인 Quaestio, 즉 더도 덜도 말고 끊임없이 이어지는 질문의 형식을 빌려온다.

토마스 아퀴나스는 총 여섯 개 항목으로 나누어 식탐이 무엇인지에 답변한다.

1. 식탐은 죄인가?
2. 식탐은 치명적인 죄인가?
3. 식탐은 가장 큰 죄인가?
4. 식탐의 여러 형태
5. 식탐은 중대한 악행인가?
6. 식탐의 소산(식탐이 초래하는 결과)

각 항목마다 답변 방법은 같다(이건 어디까지나 교육을 목적으로 하는 글임을 잊지 말아야 한다). 반대 의견이 제시되고, 반대 의견에 대한 반박이 제기된 후 결론을 정리하고, 해결책을 제안하는 식이다.

식탐은 죄일까?

토마스 아퀴나스의 글대로라면, 식탐이란 절제를 넘어서는 하나의 형태다.

"식탐이라는 악행은 음식으로부터가 아니라 이성으로 규제되지 않는 욕심에서 비롯된다. 그렇기 때문에, 욕심에 의해서가 아니라 필요하다는 믿음 때문에 정상적인 음식의 양을 초과하게 될 경우에는 식탐이 아니라 일종의 경험 부족을 탓해야 하는 것이다. 식탐에 해당되는 경우는 오로지 맛있는 음식에 대한 욕심 때문에, 잘 알고 있으면서도 절도를 벗어나도록 먹을 때뿐이다."[3]

이렇듯 절도를 벗어나는 것이나 무절제는 여러 가지 형태로 나타날 수 있는데, 라틴어에서는 이러한 형태를 각기 다른 이름으로 부른다.

먼저, 너무 일찍 먹거나 적절하지 않을 때 음식을 먹는 경우, 이는 Praepropere, 곧 '매우 서둘러서, 지각없이 먹는 행위'라고 불리운다.

너무 비싸거나 사치스러운 음식, 이국적인 음식을 먹을 경우에는 Laute, '이목을 끌 정도로 호사스럽게 먹는 방식'이라고 부른다.

단순히 아주 많은 양을 먹는 경우를 가리키는 용어도 있는데, 이는 Nimis, 즉 '과도하게, 정해진 것보다 더 많이 먹는 것'이라고 불린다.

너무 서둘러서 허겁지겁 먹거나 초조해하며 먹을 땐 Ardenter, 즉 '악착같이 먹는다'고 한다.

마지막으로, 지나치게 고급 품질의 음식, 그러니까 너무 공들여서, 세심하게 만들어진 음식을 먹을 수도 있다. 이때는 Studiose, '열성적

철학자의 식탁

으로 먹는다'고 말한다.

　이쯤에서 독자들은 '식탐'이라는 단어를 놓고 다소 혼란스러워 할 수도 있다. 이 책에서 지칭하는 '식탐가Gourmand'라는 말은 토마스 아퀴나스가 말한 의미의 '식탐'이 많은 사람이란 뜻보다는 사실 '걸신들린 듯 먹는 사람Goinfre(우아하지 못한 태도로 먹는 사람, 식탁에서 지켜야 할 좋은 예절을 갖추지 못한 사람)' 또는 '대식가Glouton(너무 많이 먹는 사람)'에 더 가까운 것 같아 보인다. 플로랑 쾰리에Florent Quellier가 제시한 가설[4]처럼, 라틴어 Glutto(대식가, 폭식가를 뜻하는 라틴어―옮긴이)를 프랑스어로 번역하는 과정에서 오류가 있어서 그와 같은 의미의 왜곡이 일어났을 수도 있다. 그도 그럴 것이, 영어를 비롯한 다른 언어들은 이와 같은 혼돈을 피했기 때문이다. 참고로 영어에서는 Gluttony가 'Gourmand', 즉 식탐가를 의미한다.

　그런데 식탐과 관련한 토마스 아퀴나스의 견해에서 이것만이 유일하게 모호하다고 말하기 어렵다. 그가 식탐을 교만, 탐욕, 나태, 질투, 분노, 색욕과 마찬가지로 중죄로 간주했다는 사실 역시 또 다른 모호함을 자아낸다. '중죄重罪, péché capital'라고 할 때 '중'에 해당되는 Capital이라는 단어는 일반적으로 '궁극적인', '중대한', '특별히 심각한' 등의 형용사와 일맥상통한다. 그렇다고 한다면, 우리는 어째서 식탐이 칠죄종七罪宗이라고 하는 목록에 올랐는지 이해하기 어렵다. 살인이나 인종차별, 그 외에도 다른 심각한 죄들이 많지만 그 목록에서 찾아볼 수 없는데 말이다. 이때의 'Capital'이라는 단어는 문자 그대로의 첫 번째 의미, 원초적인 의미로 보는 것이 적절하기 때문이다. Capital은 '머리'를 뜻하는 라틴어 Caput에서 유래했다. 따라서 여기서 중죄라는 것은 다른 죄들의 머리가 되는 죄, 다른 죄들의 근원이 되는 죄를

식탁, 티몰레옹 마리 로브리숑Timoléon Marie Lobrichon(1831~1914년)의 그림

뜻한다. 이렇게 볼 때, 가령 식탐은 음식을 차지하기 위해서 도둑질을 하게 하거나 거짓말이나 불복종으로 이끌 우려가 있으므로 중죄 목록에 올랐다고 볼 수 있지 않을까.

아무튼 교회는 이러한 관점에서 식탐은 죄로, 반대로 금식은 덕을 따르는 선한 행위로 간주했다.

금식은 죄가 아니다!

금식, 즉 자신의 의지에 따라 자발적으로 음식 섭취를 일부 또는 전부, 간헐적으로 혹은 지속적으로 제한한다는 의미로서의 금식은 유대교에도 존재한다. 그런데 기독교에 들어와서는 그 금식이 그때까지는 볼 수 없었을 정도로 광범위하고도 중요한 비중을 차지하게 되는데, 이는 아마도 육체에 대해 기독교가 갖고 있는 특별한 개념 때문인 것으로 여겨진다. 육체에 대한 기독교식의 특별한 인식은 사실상 다른 종교들에서도 공통적으로 나타난다.

이러한 종교적 관점에 따르면, 육체는 지상에서 사는 동안 영혼을 가두는 일시적인 감옥이다. 또한 육체는 본질적인 것으로부터 우회하도록 유도한다. 아니, 그 정도가 아니라 잠을 자고, 성관계를 갖고, 음식을 먹는 등 육체만의 고유한 필요에 의해 영혼의 앞길을 막아서는 장애물이다. 성 아우구스티누스Augustin가 "우리는 육체의 기쁨을 거부함으로써 정신의 기쁨을 얻을 수 있다[5]"고 쓴 것도 같은 맥락이라고 할 수 있다.

그러므로 우리는 이러한 맥락에서 기독교에서 권장하는 모든 고

투쟁의 역사와
함께한 단식

금식은 종교만의 전유물이 아니다. 금식은 정치 행위, 즉 압력을 가하는 수단으로 사용될 수도 있다. 그러나 이처럼 어떠한 요구를 관철시키기 위해 금식을 하는 사람에게는 건강상의 위험이 따를 수도 있다.

1962년 5월, 프랑스 공화국의 대통령인 드골 장군이 루이 르쿠앵Louis Lecoin이라는 이름을 가진 자로부터 한 통의 편지를 받게 된 것도 이런 맥락에서였다. 편지에는 추신이 달려 있었다.

"저는 항상 단식투쟁이 가장 높은 수준의 위험을 동반하는 의사 표현 수단이라고 생각해왔습니다. 저는 양심적 병역 기피자 구호단체의 사무실에서, 제 자신의 감시하에, 그 같은 단식투쟁을 진행합니다. 저는 그 어떤 형태로도 음식물을 섭취하지 않겠다고 약속한 상태이므로(목이 마를 때 수돗물을 마시는 정도만 허용합니다), 누구든 제 말을 믿어야 할 것입니다. 대통령님, 저는 이런 상황에서 속임수를 쓰거나 거짓말을 하는 부류가 아닙니다. 더구나 단식이 진행되어감에 따라 달라질 저의 건강 상태가 제 정직함의 증거가 되어줄 것입니다."*

무정부주의, 평화주의의 열렬한 행동 대원이었던 루이 르쿠앵은 그로부터 나흘 후 정말로 단식투쟁을 시작했다. 그는 이렇게 함으로써 정부로부터 양심적 병역 거부자에 대한 공식적인 인정, 즉 당시 프랑스에서 실효 중이었던 병역 의무를 거부하는 자들에 대해 국가 차원에서 특별한 지위를 인정해주겠다는 다짐을 받아내고자 했다. 보름 후, 그는 병원에 강제 입원되는 처지가 되었으나, 그래도 원하던 목적은 달성했다.

이외에도 영국에서 여성 참정권을 주장하던 자들, 간디를 비롯한 여러 인사들이 단식투쟁이라는 방식을 택했다. 하지만 단식투쟁은 무엇보다도 매우 위험할 수 있는, 다시 말해서 생사를 오갈 수도 있는 치명적인 수단이다. 1981년, 아일랜드 출신 보비 샌즈

Bobby Sands와 그의 동료 아홉 명이 자신들 같은 수감자들에게 정치범의 지위를 인정하라면서 벌인 단식투쟁이 이를 잘 보여준다. 타협을 거부한 마거릿 대처Margaret Thatcher 수상의 완강함이 이들의 목숨을 앗아갔기 때문이다.

* 루이 르쿠앵, 『루이 르쿠앵의 글 모음Écrits de Louis Lecoin』, 파리, 위니옹 파시피스트, 1974년, 87쪽.

행과 금욕주의적 관행을 이해할 수 있다. 기독교에서는 이렇듯 고행과 금욕을 통해 육체에 가해지는 고통이 정신적인 고양의 원천이라고 간주하는 것이다. 그렇다면 혹시 이런 시련을 통해 다소나마 자부심을 얻을 경우, 그 또한 교만의 죄를 범하게 되는 건 아닌지 의문이 생긴다.

아무튼 이렇게 해서 기독교 초기에 성직자들은 금식을 행했다. 그중 일부는 심지어 예수의 행적을 본받아, 수십 일씩 사막에서 식음을 전폐하는 고행을 자청하기도 했다. 신자들 또한 사순절 기간 동안에는 부분적인 금식에 돌입하기도 했다.

사실 금식을 하는 데에는 여러 가지 이유가 있을 수 있다. 어떤 이들은 금식이 건강에, 특히 신체 각 기관을 정화하는 데 여러 가지 이로운 점이 있다고 주장하기도 하는데, 그 진위는 과학적으로 확실하게 입증되지 않은 것으로 보인다[6]. 심지어 금식으로 암을 극복할 수 있다는 주장을 펼치는 자들도 간혹 있으나[7], 이와 같은 주장에 대해 의사들은 매우 신중한 입장을 보일 뿐이다.

그런가 하면 위에서도 말했듯이 종교적인 이유로 금식을 하는 사람들도 있다. 예를 들어 이슬람 신자들에게 라마단은 한 달 동안 새벽부터 해가 지는 시간까지 음식을 먹지 말아야 하는 금식 기간이다. 이 기간 동안 이들은 식음을 전폐한다. 불교와 힌두교, 바하이 신앙의 경우도 예외 없이 금식에 일정한 비중을 둔다.

넓은 의미에서의 철학적인 이유로 금식을 하는 사람들도 있다. 이런 세속적인 금식은 흔히 이를 추구하는 사람들에게 일종의 금욕 실천을 위한 수련이나 팽배한 소비지향주의에 항거하는 수단으로 인식된다.

일부 사람들에게 금식은 우리 사회를 특징짓는 육체에 대한 집착의 또 다른 표현이기도 하다.

철학자의 식탁

금단의 열매가 지닌 달콤한 맛

빈정거림을 일삼은 조르주 브라상스Georges Brassens는 이렇게 노래했다. "사상을 위해 죽다니, 참으로 근사한 사상이로군. … 사상을 위해 죽자, 좋아, 하지만 천천히 죽자고." 고행 따위에는 관심이 없었던 우리의 영원한 약혼자(조르주 브라상스의 노래에 나오는 가사—옮긴이)는 그의 노래를 통해서 무엇보다도 수많은 금단의 열매와 죄스러운 쾌락을 노래했다. 「아몬드 나무」에서는 입맞춤을 통해서 연인의 "욕심스러운 입" 속에 아몬드를 건네준다. 그의 연인은 분명 이 맛있는 간식거리를 거절하지 않았을 것이다.

아몬드로 속을 채우고 초콜릿을 입힌 대추야자

12개 분량

대추야자 12개
아몬드 12알(대강 잘게 조각낸다)
꿀 1T
잘게 썬 오렌지 정과 2t
또는 오렌지 꽃수 1t
녹인 초콜릿(카카오 함량 70%)
125ml(반 컵)

☆ T : 테이블스푼, t : 티스푼

칼로 대추야자를 길게 갈라 씨를 빼낸다. 움푹한 그릇에 아몬드 조각과 꿀, 오렌지 정과를 넣고 섞는다. 섞은 재료로 대추야자의 속을 채운 다음 벌어져 있는 자른 자리를 오므린다. 초콜릿을 중탕으로 녹인다. 초콜릿이 다 녹으면 불에서 내린 다음 집게로 대추야자를 집어 초콜릿 속에 풍덩 담갔다가 꺼낸다.

초콜릿을 입힌 대추야자를 그릴 위에 놓고 초콜릿이 굳기를 기다린다. 박하차와 곁들여서 먹으면 찰떡궁합.

부엌에 있는 하녀와 어린 소년,
프란스 스니더르스Frans Snyders가 17세기에 그린 그림의 일부 (게티 미술관)

주

1. 아리스토텔레스가 그의 책 『소크라테스 이전의 학파Les écoles présocratiques』(장-폴 뒤몽 Jean-Paul Dumont 편역, 파리, 갈리마르 출판사, 1991년)에서 인용, 673쪽.
2. 토마스 아퀴나스, 『신학대전』, 148번째 질문 : 식탐 [www.thomas-d-acquin.com/pages/Traductions/STIla-llae.pdf]
3. Ibid. "1항. 해결방안".
4. 플로랑 켈리에, 『식탐 : 중죄 가운데 하나인 식탐의 역사Gourmandise : histoire d'un péché capital』, 파리, 아르망 콜랭, 2010년.
5. 성 아우구스티누스, 『전집』, 바르 르 뒥, 게랭 에 콩파니, 1868년, 12권, 333쪽.
6. Extenso의 웹사이트 참조. 이 주제에 대해서는 "단식이 생명체를 정화한다"는 기사를 보라 [www.extenso.org/article/e-jeune-purifie-l-organisme].
7. 창한 리 외, "단식 주기가 종양의 성장을 늦추며 화학요법의 일부 암세포유형을 민감화한다", 《병진의과학회지Science Translational Medicine》지, 통권 4호, 2012년 3월 124호, 124-127쪽.

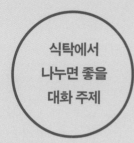

식탁에서
나누면 좋을
대화 주제

① 초대 손님들에게 각자 좋아하는 먹을거리를 쪽지에 적어보라고 제안한다. 각 쪽지를 상자 안에서 잘 섞은 다음 무작위로 하나씩 뽑는다. 쪽지에 적힌 음식을 보고 그걸 적은 사람이 누구인지 알아맞히는 놀이다.
쪽지를 적은 사람들은 돌아가면서 자기가 좋아하는 음식을 묘사하고 어째서 그것이 자기에게는 식탐을 불러일으키는 진정한 먹거리인지 들려준다.

② 식탐가, 미식가, 폭식가, 게걸스럽게 먹는 자, 대식가! 이러한 단어들의 차이점은 뭘까? (이를 논의하기 위해서는 미리 사전을 준비해둘 필요가 있다!)

③ 참석자들에게 금식에 도전해볼 의향이 있는지 묻는다. 답에 따라 그 이유를 설명하도록 한다. 그리고 만일 누군가 설명한다면 어느 정도의 기간 동안, 어떤 조건에서 할 수 있겠는지 물어본다.

④ 사회적, 정치적 명분을 위해 단식투쟁을 벌인다면 이는 정당화될 수 있는지 의견을 나눠본다.

이 주제에
관해
읽을 만한 책

토마스 아퀴나스가 식탐에 대해 기술한
대목은 그야말로 백미다 :
→ 『신학대전』, 148번째 질문 '식탐'
편.[www.thomas-d-acquin.com/pages/
Traductions/STlla-llae.pdf]

가톨릭 신학에 따른 분석 :
→ [www.luenc.org/malgourmandise.
php]

예찬, 폭식가에서 미식가로 :
→ 플로랑 켈리에Florent Quellier 『식탐 :
중죄의 하나인 식탐의 역사Gourmandise
: histoire d'un péché capital』, 파리, 아르망
콜랭 출판사, 2010년.

불과 몇 쪽만으로 끝내는 식탐 :
→ 세바스티앙 라파크Sébastien Lapaque,
『식탐에 관한 글모음Gourmandise,
anthologie』, 파리, 제뤼 출판사, '리브리
오' 총서, 2000년.

모든 사물을 빠짐없이 다루겠다는 야심
을 가지고 쓴 필독서 :
→ 아리스토텔레스, 『니코마코스 윤리
학Éthique à Nicomaque』(리샤르 보데위
스Richard Bodéüs가 번역하고 소개한 판
본), 파리, 플라마리옹 출판사, 2004년.

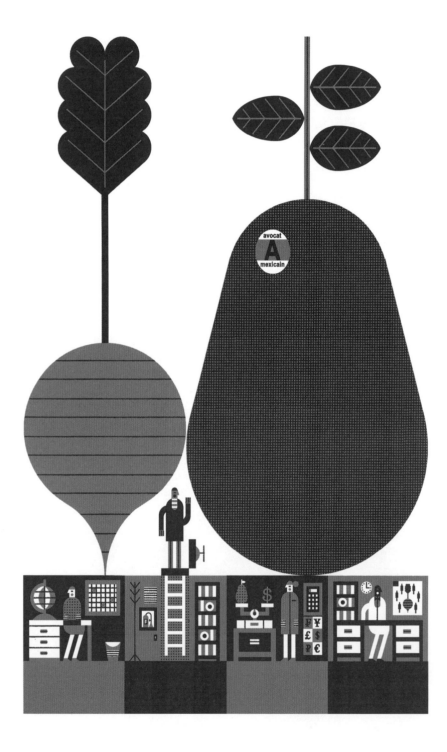

3

로컬 푸드를 먹을 것인가 글로벌 푸드를 먹을 것인가

사탕무냐
아보카도냐

내가 사는 땅에서 나는 로컬 푸드를 먹어야 할까,

아니면 그런 것 따위야 아무려면 어떻든,

그러니까 그 음식이 어디에서 오는 것이든

자신이 먹고 싶은 것을 먹으면 되는 걸까?

우리는 계절마다 우리 땅에서 자라난

지역 농산물 식품들에 적응하면서 살아야 하나

아니면 세계적인 식품 무역을 불가역적인 것으로 받아들여야 할까?

장-자크 루소Jean-Jacques Rousseau(1712~1778년)가

지지한 로컬 푸드 예찬론은 존 로크(1632~1704년)가 이론화한

자유주의적 비판에도 살아남을 수 있을까?

> "너 자신을 알라"
>
> —델포이의 신탁

장-자크 루소처럼 자연식으로 먹기

파리에서 그다지 멀지 않은 곳에서 손에 신문을 들고 뱅센성을 향해 걸어가는 저 사람은 누굴까?

그 사람은 18세기 초 제네바에서 태어난 장-자크 루소다.

태어나자마자 어머니를 여읜 그는 열 살 때까지 아버지의 손에서 컸다. 아버지는 어린 아들에게 책에 대한 열정을 물려주었다. 그는 잠시 학교에 다니다가 곧 금속 세공가의 집에 도제로 들어갔다. 열여섯 살이 되었을 때 루소는 제네바시를 벗어난 곳까지 산책을 나갔다가 돌아왔는데, 성문이 닫힌 것을 보고 그 즉시 도망치기로, 그러니까 아무런 목적지도 없이 무작정 길을 떠나기로 작정한다.

정처 없이 걸어서 프랑스에 도착한 그는 바랑스 부인Madame de Warens 이라는 독지가를 만나 개신교도에서 가톨릭교도로 개종한다. 루소는 그 후 1742년까지 여러 차례에 걸쳐 이 고귀한 부인 곁에 머문다. 연인이자 멘토로서 바랑스 부인은 루소의 지성적, 감성적 발달에 크게 기여했으며 그가 자신의 천재성을 세상에 알리는 데 큰 도움을 줬다.

장-자크 루소는 독서가이자 사상가, 작곡가로서 오로지 독학으로 세상의 많은 지식을 섭렵했다. 당시의 음악을 기록하는 방식이 완전하지 못하다고 생각한 루소는 새로운 기보법을 고안해 파리시에 제안했다. 파리시는 그의 제안에 냉담한 반응을 보였으나, 그래도 그는 파

장-자크 루소

리에 머무는 동안 디드로Denis Diderot, 달랑베르 Jean Le Rond D'Alembert를 비롯하여 훗날 함께 백과전서파를 형성하게 될 여러 학자들을 만났다. 그는 특히 볼테르Voltaire, 돌바크Paul Henri Dietrich d'Holbach, 콩도르세Marquis de Condorcet 등의 철학자들과 더불어 지식과 교육을 통한 자유와 진보, 해방을 주장하면서 반反 계몽주의, 절대 권력, 기존 제도에 대항해 투쟁했다. 루소는 디드로의 요청에 따라 백과전서의 음악 항목을 기술하기도 했다. 이렇듯 그는 '계몽의 세기'라고 불리는 18세기를 새롭게 정의하는 주역으로 자리 잡아 갔다.

앞에서 묘사한 장면에서 루소는 『눈뜨고 보는 자들에게 보내는 맹인에 관한 편지Lettre sur les aveugles à l'usage de ceux qui voient』(1749년)를 출간하면서 불경죄로 몰려 뱅센 주루에 갇힌 친구 디드로를 만나러 가는 길에 포착된 참이었다. 손에 든 신문《메르퀴르 드 프랑스Mercure de France》지를 읽으면서 걸어가던 루소의 눈길이 디종 아카데미가 개최하는 한 공모전의 제목에 머문다. "학문과 예술의 발전은 풍습을 부패시키는 데 기여했을까 혹은 이를 정화하는 데 기여했을까?" 그 제목을 본 즉시 그는 감정이 북받쳐 올랐다. '뱅센의 계시'라고 이름 붙여진 이 순간은 루소의 삶과 저작 활동에서 대단히 중요한 순간으로 기억되며, 훗날 루소 자신은 이를 다음과 같이 묘사한다.

"돌발적인 영감에 비길만한 무언가가 있다면, 그건 바로 그걸 읽으면서 내 안에서 일어난 움직임일 것이다. 갑자기, 나는 머릿속이 천 개의 빛으로 환하게 밝아지는 것을 느꼈다. 헤아릴 수도 없이 많은

철학자의 식탁

생각들이 동시에 강력하게, 그리고 혼돈스럽게 펼쳐지는 바람에 나는 무어라고 형언할 수 없는 극심한 동요에 휘말렸다. 나는 내 머리가 마치 술에 취한 것처럼 빙빙 돈다고 느낀다. 가쁜 숨 때문에 내 가슴은 잔뜩 억눌리는 것 같다가 이내 한껏 부풀어 오르면서 요동친다. 도저히 계속 걸으면서 숨을 쉴 수가 없어서 나는 대로변의 나무 아래 주저앉는다. 그곳에서 심한 동요 가운데 30분쯤을 보내고는 다시 일어서면서 나는 내 앞에 놓여있는 재킷, 눈물로 흠뻑 젖은 내 재킷을 보았다. 격정 속에서 나는 내가 눈물을 흘리고 있는지조차 깨닫지 못했던 것이다. 오! 이보시게, 내가 그 나무 아래서 보고 느낀 것의 4분의 1만이라도 글로 옮길 수 있다면, 나는 얼마나 선명하게 사회 체제가 안고 있는 모든 모순들을 드러내 보일 수 있었을까. 나는 얼마나 강력한 힘으로 우리의 각종 제도들이 남용되는 현장을 고발할 수 있었을까. 나는 얼마나 간단명료하게 인간은 천성적으로 선하며 오로지 이러한 제도들 때문에 심술궂게 변하는 것임을 입증해 보일 수 있었을까!"[1]

이러한 계시에서 힘을 얻어 디종 아카데미 공모전에 제출한 그의 『학문예술론Discours sur les sciences et les arts』이 탄생하게 된다. 당시 그와 교류하던 철학자 친구들의 견해와는 완전히 상반되게도, 루소는 그 글에서 진보란 환상에 불과하며, 모든 것은 허위이고 인간은 앞으로 나아갈수록 스스로를 타락시킨다는 놀라운 주장을 피력한다. 시대는 바야흐로 벅찬 기대를 안고 미래를 향하는데, 그는 향수를 안고 과거로 회귀하는 것이다. 그에게 역사란 이른바 '문명'이라는 거창한 말로 부르는 어떤 것 안으로 들어감으로써 자신의 천성적으로 선한 본성을 상실하고,

그것으로부터 멀어져서 점차 회복할 수 없을 정도로 그 본성에서 멀어져가는 인간의 시간을 말한다.

'자연', 이것이야말로 루소의 사상과 그가 서구 사상사에 남긴 유산을 집약적으로 보여주는 핵심 단어다. 너무도 널리 애용되는 탓에 어디에서나 마주치게 되는 단어, 특히 환경 운동이나 의지적인 단순한 삶, 홈스쿨링 같은 분야에서, 그리고 자연적인 것에 대한 끊임없는 호소에서 늘 등장하는 단어, 자연. 이 단어는 '로컬 푸드 소비 장려 locavorisme' 운동과 더불어 우리의 식생활까지도 물들이고 있다.

존 로크처럼 자유식으로 먹기

모든 것에 호기심을 보이고, 머릿속으로는 위대한 철학 저서를 구상하면서 유럽을 주유하는 이 자는 누구인가?

17세기 중반 영국 브리스톨 지방에서 태어난 존 로크John Locke다.

부유한 가정에서 태어난 그는 라틴어와 그리스어는 물론 아리스토텔레스 철학까지 아우르는 탄탄한 교육을 받았다. 존 로크의 어린 시절은 수많은 정치적 격변으로 점철된다. 영국 내전, 크롬웰 독재, 온갖 형태의 처형 등은 그에게 깊은 충격을 안긴다.

그렇긴 해도 그는 정치적 논쟁으로부터 멀찌감치 비켜서서 자신의 과학 연구에 몰두한다. 그가 오직 체험이라는 화두에 입각해서 자신의 경험론을 발전시킬 수 있었던 것도 아마 그 덕분이었을 것이다. 존 로크는 옥스퍼드에서 데카르트적 이성주의에 대항하는 그만의 인식과 사상을 가다듬었다. 그에게는 데카르트가 말하는 타고난 것, 선

철학자의 식탁

장-자크 루소의 『에밀 또는 교육론Émile ou De l'éducation』 1762년 판본에 들어 있는 삽화.
장-미셸 모로 2세Jean-Michel Moreau le Jeune의 그림을 보고 새긴 노엘 르 미르Noël Le Mire의 판화.

존 로크, 고드프리 넬러Godfrey
Kneller의 그림, 1697년

아리스토텔레스

천적인 것, 그러니까 체험에 선행하는 것이란 아무 것도 없다. 존 로크는 인간 정신의 근원(각 개인의 정신)을 백지로 간주한다. 각 개인은 자신의 체험에 의거해서 그 백지 위에 인식을 써내려간다는 것이다.

처음에는 자연 상태가 존재한다. 자연 상태란 '완벽한 자유의 상태, 어느 누구의 허락도 받지 않고, 다른 어느 인간의 의지에도 의존하지 않으면서, 자기 마음에 드는 것을 할 수 있는 상태'[2]를 말한다. 그러나 이는 사회적 규제라는 분야만 놓고 보더라도 너무도 부서지기 쉬운 허약한 상태이므로, 인간은 최소한의 안전과 자유 정도는 보장해줄 수 있는 시민 사회를 구상하게 된다.

자유주의Libéralisme가 집행권보다 우위에 놓인 무척 독립적인 입법권으로 정의되는 것도 이러한 의미에서라고 할 수 있다. 하지만 이 두 가지 권력은 도덕과 경제에서는 어떤 경우에도 행사되지 않는다. 사회는 각 개인이 규제 없이 천부적인 권리를 지니고 있다는 협약으로부터 기인한다.

경험주의Empirisme와 정치적 자유주의에 토대를 둔 존 로크의 철학은 자유지상주의Libertarianisme의 원조로, 이를 식생활 측면에서 보자면 자유지상주의는 생산자와 소비자 양쪽 모두의 완전한 자유를 추구한다고 할 수 있다.

이와 같은 비전은 따라서 로컬 푸드 소비를 장려하는 입장이 함축하는 여러 가지 구속에 대해서는 필연적으로 반대할 수밖에 없다.

철학자의 식탁

로컬 푸드 소비를 장려하는 움직임

본래 루소의 사상에서 유래했다고는 하나, 로컬 푸드 소비 장려 Locavorisme('국지적인'을 뜻하는 라틴어 Localis와 '먹다'를 뜻하는 Voro가 결합)라는 말은 21세기 초에 처음 등장한다. 이러한 움직임은 2005년 샌프란시스코 지역을 기반으로 하는 여성 단체 '더 로컬 푸즈 휠The Local Foods Wheel'3에서 일하던 제시카 프렌티스Jessica Prentice에 의해 시작되었다. 이 단체는 주변 사람들에게 8월 한 달 동안 거주지로부터 반경 100마일(160km) 이내에 위치한 곳에서 생산되는 것만 먹을 것을 권유하는 캠페인을 벌였다.

로컬 푸드 소비 장려는 최근 들어 점점 더 큰 호응을 얻어가고 있는 여러 풍조 가운데 하나다. 그 가운데 몇 가지만 예로 들자면 다음과 같다.

- 공동체의 지원을 통해, 회원으로 가입한 사람들에게 지역에서 생산된 농산물 바구니를 정기적으로 제공한다
- 자신을 위한 먹을거리를 스스로 기를 수 있는 개인의 또는 공동체의 텃밭을 만든다
- 식료품 업계 대기업들이 지역 생산품을 구매한다

이러한 운동으로부터 얻을 수 있는 혜택은 다양하며, 여러 방면에서 두루 득이 될 수 있다.

우선 경제적인 면에서 보자면, 경제를 활성화하고 지역 일자리 창출에 기여한다. 게다가 식량 자주권 확립에도 도움이 된다. 지난 30년

동안 식량 자주권은 눈에 띄게 하향 곡선을 그리고 있는 실정이다. 이는 또한 다국적 식품업계 괴물들(크래프트, 켈로그, 펩시코, 네슬레 등)의 전횡과 독점에 대한 우리의 의존도를 줄여줄 수 있다.

환경면에서도 이러한 운동은 식품 운송 거리를 줄임으로써 온실가스 배출을 줄여 기후 온난화 방지를 위한 투쟁에 동참하는 효과도 가져올 것으로 추정된다.

의학적인 면에서는 채소와 과일, 신선식품의 소비를 확대함으로써 보다 건강한 섭생으로의 유도를 기대할 수 있다.

한편, 공동체적 관점에서는 생산자와 소비자 사이에 온갖 종류의 연결고리를 만들어준다는 이점이 있다.

어떤 의미에서, 이러한 모든 시도와 그로 인하여 창출되는 모든 이점은 루소의 사상과 궤를 같이 한다. 『인간 불평등 기원론Discours sur l'origine et les fondements de l'inégalité parmi les hommes』(1755년)에서 다음과 같이 말한 루소가 아니던가?

> "땅뙈기 하나에 울타리를 둘러치고서 '이건 내 거'라고 말하고는 다른 사람들이 그 말을 믿을 만큼 단순하다고 생각한 제일 첫 번째 인간이야말로 문명사회의 진정한 창시자다. 너무도 많은 범죄와 전쟁, 살해, 너무도 잦은 궁핍과 참혹함이 인류로부터 동료 인간들에게 '저 사기꾼의 말을 경계하시오. 과일들은 모두의 것이며 토지는 어느 누구의 것도 아니라는 사실을 잊는다면 당신들은 모두 끝난 거나 다름없소'라고 외쳐줄 인간 한 명도 남겨두지 않았다는 뜻일 테니 말이다."[4]

그의 말대로 그렇게 외쳐줄 인간은 남아 있지 않고, 따라서 인류는 피할 수 없는 운명을 향해 절망적으로 치닫고 있는 중이다. 자유지상주의가 이에 대한 대안이 될 수 있을까?

자유지상주의, 가장 보편적인 레시피

자유지상주의는 진정한 응용 철학으로서 무엇보다도 국가가 지극히 제한적인 권력만을 행사하는 곳에서 살고자 하는 의지에서 그 특성을 찾을 수 있다. 로크의 사상에 따르면, 자유와 사유재산권은 본질 중의 본질이다. 여기서 사유재산권이란, 물질적인 소유를 넘어서 각자가 자신을 자신의 자유로운 처분에 맡기는 것을 뜻한다. 이런 의미에서 경험이라는 개념은 상당히 일관성을 지닌다고 할 수 있는데, 개인이 자신의 자유를 충분히 향유하기 위하여 스스로를 개발하고 구축하려면 경험에서 출발해야 하기 때문이다. 오늘날 자유지상주의는 정치와 경제면에서 선명하게 드러나고 있는데, 특히 경제면에 있어서 자유 시장 원리가 강요되고 시장 스스로 자정 능력을 발휘해야 하는 것이 현실이다.

그러므로 섭생이며 식품 구입과 관련하여 그 어떤 제한이 있어서도 안 된다는 건 명백해 보인다. 각자는 자신이 원하는 장사꾼에게, 자신이 원하는 시기에, 자신이 원하는 방식으로 자유롭게 구매한다! 또한 판매자 입장에서도 이러한 사고방식은 그대로 적용되므로, 적어도 자유지상주의자들에 따르면 시장 또한 자율적으로 규제가 이루어져야 한다.

로크의 식탁에 앉은 루소

루소가 쓴 『에밀』에 등장하는 내용으로 판단하건대, 루소의 식탁과 로크의 식탁이 전혀 닮은 구석이 없을 것이라는 건 자명하다.

『에밀』에서는 어린 주인공이 처음으로 연회 자리에 참석하게 되자, 그와 동행한 가정교사가 다음과 같이 말한다.

> 우리(에밀과 가정교사 자신)는 부유한 집으로 저녁식사를 하러 간다. 성대하게 준비된 만찬 자리에 참석하게 되었으니 말이다. 많은 손님들과 많은 하인들이 있고, 많은 음식들을 접하고 우아하고 세련된 접대를 받는 자리가 될 것이다. 이 모든 즐거움과 잔치 도구들은 그런 것에 익숙하지 않은 사람들에게는 술에 취한 듯 머리를 어지럽게 만든다. 난 그 모든 것이 나의 어린 제자에게 끼칠 영향을 미리 짐작할 수 있다. 식사 시간이 한없이 길어지고, 요리가 연이어 제공되고, 식탁 주변에서는 각종 주제를 놓고 소란스러운 대화가 이어질 때 나는 제자의 귀 가까이로 몸을 숙이고는 이렇게 말한다. "자네는 자네가 지금 보고 있는 이 모든 것이 이 식탁 위에 오르기까지 몇 명이나 되는 사람들의 손을 거쳤을 거라고 추측하는가?"[5]

그저 그뿐이다. 가정교사는 통상적인 의미에서의 가르침을 주지 않는다. 그는 교훈을 주는 대신 생각할 거리를 준다. 가정교사의 말을 들은 에밀은 그때부터 상상한다. 어린 제자가 생각하고 계산하고 불안해하는 동안 스승은 성찰을 계속한다.

그 무엇으로도 타락시킬 수 없는 건전한 판단력으로, 그가 이 세상의 모든 지역이 그 같은 상차림에 동원되었고, 2천만 개의 손이 아마도 아주 장시간 동안 일해왔으며, 어쩌면 수천 명이 그 때문에 목숨을 잃었을 수도 있는, 고작 저녁이면 변기garde-robe[6] 속으로 들어가게 될 그 모든 것들이 단지 정오에 잠깐 남들 앞에서 과시하기 위해서 존재했음을 알게 될 때, 그 아이는 사치에 대해 어떻게 생각할까?[7]

가정교사는 몇 가지 질문을 준비해서 에밀에게 묻는다.

그러니 자네는 실제로 어떤 점에서 이 머나먼 장소들과 무수히 많은 인간의 손길이 제공한 비일상적인 상차림을 향유했는가…? 이 모든 것이 자네에게 여느 때보다 더 나을 것도 없는 한 끼의 식사에 불과했다면, 자네는 이 풍성함에서 무엇을 얻었는가?[8]

그로부터 며칠 후, 농장에서 먹은 식사와 연회를 비교함으로써 가정교사는 에밀에게 성찰을 계속하도록 이끈다.

"이 흑빵…, 이렇게 맛있는 이 빵은 농부가 수확한 밀로 구웠지. 이 검은 술은 겨울 내내 농부의 아내와 딸들, 하녀가 물레질한 삼으로 만들었고. 이 집 식구들이 아닌 다른 어느 누구의 손도 이 식탁을 차리는 데 동원되지 않았어. 제일 가까운 물레방아와 이웃한 시장이 농부에게는 세상의 경계라네."[9]

이 글에 담긴 지나치게 순진한 어조를 빼면, 오늘날의 로컬 푸드

브리야-사바랭의 퐁뒤

앙텔름 브리야-사바랭은 유명해진 장-자크 루소가 자연으로 돌아가자고 외치고 다닐 무렵 태어났으며, 일반적으로 프랑스식 근대 미식의 아버지로 추앙받는다. 그는 『미식 예찬』의 저자이기도 한데, 이 책은 음식과 맛, 손님 초대 기술을 비롯하여 식도락에 관한 책으로 유명하며, 여러 레시피를 소개하고 있다는 점에서도 눈길을 끈다.

아래에 소개하는 요리법은, 그러니까 스위스 출신, 좀 더 정확하게는 제네바 공국의 시민이었던 장-자크 루소마저도 부인할 수 없을 치즈 퐁뒤 요리법으로 스무 개의 경우로 시작하는 브리야-사바랭의 명저에서 따왔다.

함께 식사할 예정인 손님의 수를 고려하여, 필요한 만큼의 달걀을 준비한 다음, 질 좋은 그뤼예르 치즈 한 덩어리(전체 달걀 무게의 3분의 1 정도의 무게), 달걀 무게의 6분의 1에 해당되는 무게만큼의 버터를 각각 준비한다.

준비한 달걀을 깨서 냄비에 넣고 열심히 휘젓는다. 달걀이 충분히 풀어지면 거기에 버터와 가늘게 채 썰거나 얇게 저민 치즈를 섞는다.

냄비를 불 위에 올려놓고, 재료가 골고루 잘 섞여서 적당히 끈적하면서 부드러운 용액이 될 때까지 나무 주걱으로 잘 젓는다. 치즈의 숙성 정도를 감안하여 약간의 소금(넣지 않아도 된다)과 다량의 후추를 넣는다. 후추는 고대로부터 전해 내려오는 이 음식이 지니는 긍정적인 특성 가운데 하나다. 미리 데워둔 접시에 덜어먹는다. 품질 좋은 와인을 일정한 속도로 곁들이면 더 맛있게 먹을 수 있다.*

* 앙텔름 브리야-사바랭, 『미식 예찬 또는 시대를 초월하는 미식 성찰. 한 교수가 파리의 미식가들에게 바치는 책Physiologie du goût ou Méditations de gastronomie transcendante. Dédié aux Gastronomes parisiens par un professeur』. 파리, A. Sautelet, 1825년.

소비자들이 얼마든지 동의하고 공감할 만한 내용이 아닌가. 하지만 자유지상주의자라면 이야기가 달라진다.

피에르 데로셰Pierre Desrochers는 자유지상주의적 사고를 가진 사상가들 가운데 하나로, 그는 로컬 푸드 소비를 장려하는 자들의 제안에 격하게 비판적인 반응을 보인다. 자유지상주의자들은, 비교우위와 규모의 경제가 국가 간 무역을 정당화하며, 그러한 무역이 국가의 생산성(생산성은 최소의 자원으로 최대의 재화를 생산하는 역량으로 정의된다)을 향상시킨다는 견해를 (거의?) 만장일치로 지지한다고 주장한다. 그렇게 되면 자연히 집단의 복지도 증진된다는 것이 이들의 입장이다. 우리가 드나드는 슈퍼마켓에는 아보카도부터 이름조차 알 수 없는 온갖 이국적 생산물을 비롯해 겨울철 딸기에 이르기까지 백 년 전, 아니 그보다 더 최근까지도 아무도 손에 넣을 수 있으리라고 감히 상상조차 할 수 없었던 식품들로 넘쳐난다.

로컬 푸드 소비라는 개념을 고전적인 경제 원리의 관점에서 살피면 상당히 씁쓸한 역설에 봉착한다. 로컬 푸드 소비 지지자들이 내세우는 주장이 그릇될 뿐 아니라, 심지어 본래 목표했던 것과는 전혀 반대되는 효과를 초래하고, 일자리도 줄어들게 하며, 식품 안정성을 위태롭게 할 수도 있고, 오염도도 높아진다는 것이다! 이 문제에 관해서 한 가지 분명하게 해둘 점은, 식품 운송으로 인한 온실 가스 배출량(GES)은 전체 GES의 4퍼센트에 불과하다는 사실이다. 그런데 지역 시장으로 물건을 사러 가기 위해서 소비자와 생산자, 즉 구매자와 판매자가 각자 자가용을 이용할 테니, 이렇게 하는 과정에서 아마도 대규모 식품 유통 업체 체제보다 약간 더 많은 GES를 발생시킬 가능성이 있다. 영국에서 진행된 한 연구는 지역에서 구입한 채소를 자동차로

굴 요리가 나온 식사, 장-프랑수아 드 트루아Jean-Françcois de Troy의 그림, 18세기

가지러 갈 경우, 신선식품을 여러분의 집까지 배달하는 대규모 식품 유통 업체의 체제보다 적은 양의 GES를 배출하기 위해서는 당신의 이동거리 총합이 6~7킬로미터를 넘지 않아야 한다고 결론지었다![10]

직관과 다른 이와 같은 결과가 많이 나타나면서 로컬 푸드 소비 지지자들의 입지는 그에 반비례해서 좁아진다. 산업화된 식품의 생산과 분배 체제의 효율성이 너무도 뛰어나기 때문이다. 따라서 철저하게 경제학적인 관점에서 보자면, 게다가 몇 가지 변수들을 고려하면, 지역 내 구매는 분명 최선의 선택이 되지 못하고 본래의 목적과는 동떨어진 보호무역주의의 한 형태로 치부되고 만다.

로컬 푸드 소비 장려 움직임과 자유지상주의의 대립을 넘어서

그런데 여기서 우리는 과연 경제 논리만을 유일하게 고려해야 하는지 의문을 갖게 된다. 지역 내에서의 구매를 옹호하는 루소의 논리는 본질적으로 경제적인 관점에서 출발하지 않았을 뿐더러, 요즘 통용되는 의미에서의 경제지상주의자적인 입장과는 크게 거리가 있다. 하긴 당시 시대 상황을 감안한다면 그건 가당치도 않다. 하지만 그럼에도 그가 내세운 논리 가운데 더러는 지금도 유용할 수 있지 않을까?

더구나 다수가 그토록 찬양하고 모든 일의 최종 판관 역할을 하는 경지에 오르게 된 경제적 효율성이라는 잣대 때문에, 혹시 이 문제가 지니는 결코 가볍지 않으며 따라서 당연히 로컬 구매와 글로벌 구매의 장단점을 비교할 때 반드시 고려의 대상이 되어야 마땅한 다른 양상들을 놓치고 있는 건 아닐까? 예를 들어 문제의 경제적 효율성, 즉 높은 생산성을 가능하게 해주는 노동자들의 착취 같은 쟁점은 어떤 식으로 다루어지고 있을까? 생산성 고취에 크게 기여하는 온갖 형태의 지원금 문제는 또 어떻게 보아야 하는가? 이러한 쟁점들은 제3세계의 경제 전반, 그중에서도 특히 농업과 식량 주권에 대해 어떠한 영향을 끼치는가?

그뿐 아니다. 생산과 유통의 산업화 체제는 엄청난 이익을 발생시키며, 그 이익이 본질적으로 몇몇 기업들과 그 기업들을 장악한 주주들에게 집중되고 있다는 사실 또한 잊지 말아야 한다. 세계의 돈이 한 곳으로 모이면서 그 부를 차지한 자들이 갖게 되는 거대 권력을 고려할 때, 이것은 과연 민주주의의 발전을 위해 건전하다고 말할 수 있는가?

몇몇 대기업이 획득한 수많은 이권, 그리고 그 기업들이 합법적으로 온갖 혜택을 챙길 수 있도록 해주는 다수의 자유 무역 협약이 존재한다는 현실을 놓고 볼 때, 우리는 과연 이 같은 식품 산업 체제가 로크가 그토록 애착을 보인 자유 시장 옹호 논리에 호의적이라고 거리낌 없이 말할 수 있을까?

그러나 다른 한편으로, 이 산업 체제가 운송비용이며 GES 배출 등의 관점에서 크게 절약하도록 해주는 점을 무시해도 좋은 걸까? 마찬가지로, 퀘벡의 기후를 감안할 때 이 체제 덕분에 겨울에도 잘 먹을 수 있으며, 게다가 건강한 식생활이 가능해지는 건 아닐까?

사정이 이러한데, 독자 여러분들이 보기에는 장-자크 루소의 식탁에 존 로크를 초대하는 편이 좋을까, 아니면 두 철학자가 각각 혼자 식사를 하는 편이 나을까?

지극히 국제적인 샐러드

로컬 푸드 소비 지지자들의 담론에서는 마일 또는 킬로미터라는 척도가 자주 등장하는데, 이는 식품이 이동하게 되는 거리를 표시한다. 흔히 식품의 포장에 표시되어 있는 원산지를 보면 대략 이동 거리를 짐작할 수 있다.

가령 1월에 먹은 샐러드를 예로 들어보자. 그 샐러드의 재료는 상추와 오이, 토마토, 래디시, 아보카도, 해바라기 순, 올리브유, 발사믹 식초 그리고 디종산 머스터드였다.

· 상추 : 퀘벡의 로랑티드, 미라벨(비닐하우스), 48km.

· 오이 : 중국의 베이징, 10460km.

· 토마토 : 퀘벡의 몽테레지, 루즈몽(비닐하우스), 51km

· 래디시 : 캐나다의 브리티시컬럼비아주, 밴쿠버, 4900km

· 아보카도 : 멕시코의 탄시타로(세계적인 아보카도 생산지), 3930km

· 해바라기 순 : 미국의 노스다코타주, 비스마르크, 2700km

· 올리브유 : 그리스의 아테네, 7600km

· 발사믹 식초 : 이탈리아의 모데나, 6300km

· 디종산 머스터드 : 프랑스의 디종, 5760km

합계 : 41,749km. 이는 지구 한 바퀴에 해당하는 약 40,075km에 비해 훨씬 긴 여정이다!

* 저자의 거주지는 캐나다 퀘벡이다 — 옮긴이

주

1. 장-자크 루소, 『서간집』 (1728~1778년) 로잔, 길드뒤리브르, 1959년. [classiques.uqac.ca/ classiques/Rousseau_jj/lettres_1728/rousseau_lettres.pdf]

2. 존 로크, 『통치론Traité du gouvernement civil』(1795년). 다비드 마젤이 영어에서 번역한 판본, 파리, 플라마리옹, 2008년. 179쪽. [classiques.uqac.ca/classiques/locke_john/traite_ du_gouvernement/traite_du-gouver_civil.html]

3. [www.localfoodswheel.com]

4. 장-자크 루소, 『인간 불평등 기원론』, 파리, 플라마리옹 출판사, 'GF' 총서, 2008년, 109쪽.

5. 장-자크 루소, 『에밀』, 파리, 플라마리옹 출판사, 'GF' 총서, 2009년, 274쪽.

6. 이 단어는 옷장을 뜻하는 요즘과 달리 당시에는 구멍이 뚫린 의자, 즉 변기를 지칭했다.

7. 장-자크 루소, op.cit., 275쪽.

8. Ibid., 276쪽.

9. Ibid., 275~276쪽.

10. 데이비드 콜리David Coley, 마크 하워드Mark Howard, 마이클 윈터Michael Winter, "로컬 푸드, 푸드 마일, 그리고 탄소 배출 : 농장판매와 대량유통의 경우 비교",《푸드 폴리시》지, 통권 34호, 2009년 4월 2호, 150~155쪽.

철학자의 식탁

수박 적재, 버지니아주 노크에서 (뉴욕공공도서관)

①
여러분들이 먹는 음식 각각이 얼마나 먼 길을 달려왔을지 그 운송 거리를 추정해보라. 어떤 결론에 도달하는가? (어림 수치에 관해서는 박스 내용을 참조할 것).

②
자기 지역의 기후를 고려한다면(물론 온실 재배는 제외하고), 여러분들이 보기에 지역 생산 식품만을 먹는다는 것이 과연 현실적인가?

③
지역 생산품으로만 구성된 여름 식탁용, 겨울 식탁용 메뉴를 짜보라. (우리 조상들은 그 숙제를 훌륭하게 해냈다!)

④
여러분들에게 일상에서 지역 생산 식품을 소비한다는 것은 무엇을 함축하는가? (가령 장을 보는 상점의 유형은 전통 시장인가 대형마트인가?)

⑤
탄산수를 구매할 때 여러분은 퀘벡산 생-쥐스탱을 사는가, 프랑스산 페리에를 선호하는가? 두 상품의 비용과 운송 거리를 비교해보라.

이 주제에
관해
읽을 만한 책

몬트리올 대학에서 운영하는 웹사이
트로 영양에 관한 기준을 제시하는
Extenso가 있다. 이곳에는 지역 생산 식
품 소비와 관련한 소개 글이 게재되어
있다.
→ "로컬 푸드 소비 장려 운동 또는
로컬 음식을 먹는 기술Le mouvement
locavore ou l'art de manger local"[www.
extenso.org/article/le-mouvement-
locavore-ou l-art-de-manger-local]

지역생산 식품 소비에 대한 옹호와 공
격에 관해서는 :
→ 안-소피 노벨Anne-Sophie Novel, 『지
역 생산 식품을 효율적으로 소비하기
위한 안내서Le guide du locavore pour mieux
consommer local』, 파리, 에이롤 출판사,
2010년
→ 피에르 데로셰와 히로코 시미즈Pierre
Desrochers et Hiroko Shimizu, 『지역 생산
식품 소비자들의 딜레마 : 1만 마일 다

이어트를 찬양해야 하는가The Locavore's
Dilemma : In Praise of the 10 000-mile Diet』,
뉴욕, 퍼블릭 어페어, 2012년.

채소 바구니를 가지러 가기 위한 주행
거리를 계산한 영국의 연구와 유사한
결론에 도달한 또 다른 연구로는 :
→ 가레스 에드워즈-존스Gareth
Edwards-Jones, "지역 생산 식품 소비
는 식품 생산이 환경에 미치는 영향
을 줄여주며 소비자의 건강을 증진시
켜주는가?Does eating local food reduce the
environmental impact of food production and
enhance consumer health?", 《영양학회 회의
록Proceeding of the Nutrition Society》지, 통
권 69호, 2010년 11월 4호, 582~591쪽
[doi:10.1017/S0029665110002004]

지역 생산 식품 소비에 가해지는 (일부) 비판의 유용함을 인정하면서도 논의의 확장을 꾀하는 논문으로는 :

→ 아니타 댄크스Anita Dancs와 헬렌 샤버Helen Scharber, "지역 생산 식품 소비자들은 딜레마를 안고 있는가?Do Locavores Have a Dilemma?",《달러 앤 센스Dollars & Sense》지, 319호, 2015년 7~8월호.

지역 생산 식품 소비와 관련한 담론과 실태의 혁신을 위해 몇 가지 아이디어를 제공하는 논문으로는 :

→ 로라 B. 델린드Laura B. DeLind, "지역 생산 식품과 그 식품 소비 운동은 우리를 우리가 원하는 방향으로 이끄는가? 혹은 우리는 잘못된 방향으로 나아가고 있는가?Are local food and the local food movement taking us where we want too go? Or are we hitching our wagons to the wrong stars?",《농업과 인간의 가치Agriculture and Human Values》지, 통권 28호, 2011년 6월 2호, 273~283쪽.

지역 생산 식품 소비는 어쩌면 도의적 의무, 아니 그보다는 불완전한 숙제가 아닐까? 이러한 우려에 관해서는 :

→ 그레고리 R. 피터슨Gregory R. Peterson, "지역 생산 식품의 소비는 도의적 의무인가?Is Eating Locally a Moral Obligation?",《농업환경윤리학회지Journal of Agricultural and Environmental Ethics》지, 통권 26호, 2013년 4월 2호, 421~437 쪽.

환경을 존중하고 보호하기 위한 수많은 아이디어와 묘수들도 있다 :
→ 베르나르 라발레|Bernard Lavallée, 『한 번에 한 입씩 지구를 구하자 : 묘수와 충고Sauver la planète une bouchée à la fois : trucs et conseils』, 몬트리올, 라프레스 출판사, 2015년.

앙텔름 브리야-사바랭Anthelme Brillat-Savarin(1755-1826년)의 명저 『미식예찬』은 프랑스 국립도서관 사이트에서 쉽게 열람 가능하다 :
→ [www.gallica.bnf.fr/ark:/12148/bpt6k1063697/f1.image]

장-자크 루소에 관해서는, 우선 『에밀』 과 『사회계약론』을 읽어보라. 이 책들은 여러 판본으로 나와 있으며, 온라인상에서도 손쉽게 구할 수 있다.

4

본래대로
채식주의자가
되라!

육식을 계속하는 사람이
자신의 도덕성을
입증할 수 있는가?

육식 습관은 고대 시대부터 이미
진정한 도덕의 문제로 간주되어왔다.
윤리적 성찰이 무엇보다 중요하게 대두되는
오늘날의 시류와 육식 습관은 과연 양립할 수 있을까?
일부 철학자들의 생각처럼, 동물은 의식 또는
정신이 결여된 유기체에 불과한가
아니면 동물 역시 감정을 가지고 있으며
따라서 인간과 마찬가지로 고통을 느끼는 존재일까?
우리는 핀다로스Pindaros(기원전 518~438년)의 말마따나
"본래대로 채식주의자가 되라,
그러면 평화로운 가운데 식사를 하게 되리라"를
생활신조로 삼아야 하려나?

"동물을 대하는 방식을 보면 그 민족의 문명화 정도를 알 수 있다."

─마하트마 간디(Mahatma Gandhi)

채식, 종교에서 학문으로

동방 세계에는 종교적인 원칙에 따라 채택된 오랜 채식주의 전통이 존재한다. 이러한 전통은 특히 불교와 자이나교에서 두드러지게 나타난다. 일부 자이나교도들은 동물을 괴롭히지 않겠다는 의지를 너무도 철두철미 지키는 나머지, 모기 한 마리, 개미 한 마리 밟아죽이지 않으려고 걸어가면서 자기 앞을 쓸기도 한다.

많은 해설자들에 따르면, 서방 세계에서도 역시 신비주의적이거나 종교적인 이유로 채식주의가 전파되었는데, 처음에는 피타고라스 Pythagoras(기원전 580년경~495년)와 그를 따르는 제자들을 중심으로 이에 대한 지지자가 형성되었다. 수학과 신비주의에 매료된 이 철학자는, 이렇게 묘사해도 된다면, 모든 사람이 그의 이름을 딴 유명한 정리定理를 알고 있으며, 영혼의 이동(영혼이 하나의 몸에서 다른 몸으로 옮겨 다닌다는 주장)을 믿었던 특이한 인물이다. 이렇게 볼 때, 어쩌면 인간의 영혼이 깃들어 있을 수도 있는 살코기를 먹는 일이 그에게는 큰 부담과 위험으로 다가왔을 것이라는 걸 우리는 충분히 이해할 수 있다. 피타고라스의 결론에 따르자면, 생명체들은 서로가 서로에게 연결되어 있으므로 이들

라지코트에서 단식을 시작하기 전날의 간디

모두에게 동등한 윤리적 배려를 베풀어야 한다는 것이다. 이를 소홀히 해 가령 짐승의 고기를 먹는 행동을 하는 것은 중대한 도덕적 오류를 범하는 것이며, 그러한 오류를 범한 자는 영적인 차원에서의 충분한 자아실현이 금지된다.

피타고라스의 생각을 간추리며 오비디우스Ovidius는 다음과 같이 말한다. "식탁에 짐승의 고기를 올리는 일을 인간을 향한 범죄라고 간주한 사람은 그가 최초였다. 또 그는 최초로 … 그의 박식한 입으로 다음과 같은 말을 토해냈으나, 사실 아무도 그 말을 믿지 않았다. 필멸자들이여, 신들이 배척하는 음식들로 너희의 몸을 더럽히는 일을 삼가라!"[1]

채식주의는 고대에도 상당히 확산되어나갔으니, 이는 일반적으로 영혼이 이동한다는 피타고라스의 이론에는 동조하지 않지만 그의 사상이 지니는 윤리적 측면에 대해서는 지지를 보인 저술가들이 있어 가능했다. 이들은 무엇보다도 육류 소비로 인해 동물들(이들에게 동물은 감각과 지능, 감정을 지닌 존재였다)이 겪게 되는 도덕적이고 정신적인 고통의 문제에 민감하게 반응했다. 이와 같은 입장은 예를 들어 플루타르코스(46~125년경)나 티로스의 포르피리오스Porphyrios(234~305년경)에게서 다시금 발견된다.

『영웅전』으로 유명한 플루타르코스는 고기에 대해 이런 글을 남겼다.

우리는 몇몇 동물들이 몸을 치장한 아름다운 색상에도, 그들이 부르는 노래의 듣기 좋은 화음에도, 그들의 단순하고 검소한 삶에도, 그들의 뛰어난 기술과 지능에도 별다른 반응을 보이지 않는다. 그러고는 잔인하기 이를 데 없는 육감을 발휘하여 이 가엾은 짐승들의 목을 베고, 그들에게서 신이 선사하는 빛을 차단하고, 자연이 그들에게

플루타르코스

제공해준 보잘 것 없는 한 가닥 생명마저 앗아버린다. 그뿐 아니라 우리는 그것들의 울부짖음이 그 짐승들이 토해내는 절박한 기도라거나 정당한 요구가 아니라, 그저 제대로 분절되지 않은 소음에 불과하다고 믿지 않는가?[2]

한편, 티로스의 포르피리오스는 동물의 고기를 먹는 습관을 억제해야 한다는 내용을 담고 있는 「육식의 기피에 관하여De Abstinentia ab Esu Animalium」라는 저술을 남겼다. 그는 카스트리시우스 피르무스Castricius Firmus라는 자의 그릇된 판단을 번복하게 하고자 설득한다. 카스트리시우스 피르무스로 말하자면 플로티노스Plotinos의 제자로, 스승의 학파를 떠나 기독교에 입문하여 채식 대신 육식으로 돌아선 자였다. 그러기 위해서 포르피리오스는 그를 향해 채식의 수많은 장점을 열거한다. 고기를 먹는 습성은 짐승을 죽일 수밖에 없으므로 불경하며, 짐승들에게는 그보다 훨씬 나은 대접을 받을 권리가 있으므로, 그가 보기에 육식은 특히 철학자들에게는 어울리지 않는다는 것이다.

사실 동물과 인간이 급격하게 분리되고, 서양에서 채식주의가 더 이상 중요한 관습으로 인식되지 않게 된 데에는 기독교의 영향이 결정적이었다. 가령 성경에는 "그리고 신께서 말했다. 우리 형상에 따라, 우리의 유사함을 토대로 인간을 만들자. 그리하여 인간이 바다의 물고기와 하늘의 새, 땅 위의 모든 짐승과 땅을 기어 다니는 모든 파충류를 지배하게 하자[3]"는 대목이 나온다.

16세기와 17세기에 들어와 철학자이자 수학자인 르네 데카르트

노아의 방주에 올라타는 동물들,
대大 얀 피터르 브뤼헐Jan Brueghel de Oude이 그린 그림, 1613년 (게티 뮤지엄)

René Descartes(1596~1650년)에 의해 과학적인 사고가 싹트기 시작하면서 이와 같은 경향은 한층 짙어진다. 데카르트는 오로지 자신 안에만 깃들어 있는 이성의 존재로 인한 절대 환원 불가능한 인간 존재의 특성과 결합시킨 유물론적 형이상학을 제안했다. 그는 이를 통해서 짐승들은 기계 장치, 이를테면 비슷하게 생긴 용수철이나 부품들을 적당히 결합시킨 것에 불과하다고 결론지었다. 짐승들이 울부짖는 것은 말하자면 용수철이 끽끽거리는 것과 다를 바 없다고 본 것이다.

채식주의자들이 다시금 제 목소리를 내기 시작한 건 계몽 시대에 접어들면서부터다. 그 후 찰스 다윈Charles Darwin이 『종의 기원On the Origin of Species』(1859)을 발표하면서 인간이 아닌 동물과 인간이라는 동물이라고 부를 수 있는 존재들 사이에 일종의 연속성이 정립된다. 『종의 기원』이라는 명저는 도처에서 심오한 반향을 얻었으며, 그 영향은 지금까지도 계속되고 있다.

샐러드와 볼로냐 스파게티 사이에서 태어난 동물 윤리학자

1971년, 막 철학 세미나를 마친 옥스퍼드 대학의 한 강의실. 거의 모두가 강의실을 떠났는데, 오스트레일리아 출신의 한 젊은이만 그 자리에 남아 캐나다 출신 친구 리처드 케쉔Richard Keshen을 기다렸다. 캐나다 친구가 어찌나 통찰력 있는 질문들을 쏟아내는지, 오스트레일리아 청년은 그와 이야기를 계속하고 싶었던 것이다. 그의 요청에 흔쾌히 응한 케쉔은 함께 구내식당으로 식사를 하러 가자고 제안한다.

그날 식당 차림표에는 스파게티와 샐러드가 올라 있었다. 캐나다

풀을 뜯는 소, 아드리안 판 더 펠더Adriaen van de Velde의 드로잉, 1663년 (게티 뮤지엄)

청년은 스파게티에 고기가 들어 있는지 묻곤 그렇다는 대답을 듣자 샐러드를 택한다. 반면, 오스트레일리아 청년은 스파게티를 먹기로 한다.

식사를 하면서 두 사람 사이에는 철학적인 대화가 계속되었다. 식사가 끝났을 때, 오스트레일리아 청년은 호기심에서 캐나다 청년에게 샐러드를 먹은 것이 건강상의 이유 때문인지 아니면 종교적인 동기에서 비롯된 선택이었는지 묻는다. 케쉔은 이 질문에 대한 똑 부러진 대답 대신 동물들을 (당시 인간들이 하듯) 인간에게 먹거리가 되어주는 존재로 대접하는 것은 부당하다며 산업화된 목축 관행에 대해 언급한다.

오늘날에 비해 채식주의에 대한 호응이 훨씬 덜했던 당시에 이처럼 신선하고 간단명료하며 바람직한 대답은 오스트레일리아 청년에게는 충격이었다(그는 훗날 이 순간이 그의 인생에서 중요한 전환점 가운데 하나였다고 묘사했다). 몇 주 후, 독서와 대화를 이어간 끝에 그는 자신의 섭생 방식을 바꾸기로, 더는 고기를 먹지 않기로 결심한다. 이 부당한 관습에 가담하지 않겠다는 의지의 표명이었다.

이 젊은 오스트레일리아 청년이 바로 1946년에 태어난 피터 싱어Peter Singer다. 그는 20세기의 가장 영향력 있는 철학자라는 명예에 도전하는 진지한 후보자로 거론된다. 무엇보다도 동물 윤리에 관한 그의 저작들 덕분이다. 1975년, 그가 출판한 『동물 해방Animal Liberation』이라는 책은 일반 대중에게 동물 윤리와 채식주의라는 화두를 던짐으로써 이 문제에 대한 거대한 성찰의 움직임을 이끌어냈고, 실제로 그 분야에서 활약하는 적잖은 행동대원들을 낳았다.

하지만 싱어는 극단적인 논란을 야기하는 인물로도 유명하다. 그가 옹호하는 윤리 원칙들(대개 공리주의와 맥을 같이 하는 원칙들)이 그로 하여금 한편으로는 전통적으로 인정되어 온 인간 삶의 특성(그리고 오직 인간의 삶에만 적용될 수 있는 특성)을 부인하게 만들 뿐 아니라, 다른 한편으로는 그러한 원칙에 따른 윤리적 결정으로 말미암아 어떤 식으로든 관련 당사자가 된 이들을 동등한 위치에 놓고 고려해야 한다고 주장하게 만들기 때문이다. 이러한 입장에서 그가 제시하는 결론은 수많은 논쟁을 불러일으키는데, 특히 빈곤과 임신중절, 안락사 등에 관한 그의 후기 저작들을 놓고 논란이 뜨겁다. 아무리 공리주의에 입각한 원칙이라 하더라도 그에게 친구만 만들어주는 건 아닌 모양이다!

모두에게 유익한 식생활을 하라?

공리주의란 어떤 몸짓이나 행위를 하는 인물에 관심을 기울이기보다 그 몸짓이나 행위가 초래하게 될 결과에 유념하면서 윤리 문제를 생각하는, 즉 결과주의 윤리의 한 유형을 가리킨다.

"자연은 인류를 고통과 쾌락이라는 두 주인 밑에서 살도록 했다[4]"고, 공리주의의 아버지 제러미 벤담Jeremy Bentham(1748~1832년)이 말했다. 이 원리는 우리의 결정, 우리의 선택이 지니는 도덕성을 가늠하는 척도로 작용한다. 벤담에 따르면 좋은 선택이란 그 선택으로 인해 어떤 식으로건 영향받게 될 모든 자들에 미칠 결과(쾌락이 될 수도, 고통이 될 수도 있다)를 검토함으로써 결정된다. 항상 최대 다수에게 바람직하고, 최대 다수에게 득이 되는 것을 추구해야 한다는 것이다. 이러한 생각이 공리주의의 핵심이며 앞으로도 그 사실에는 변함이 없을 것이다. 비록 후대 사상가들이 가끔 시각의 차이를 보이는 해석을 제안할 수는 있겠지만 말이다. 이들은 무엇보다도 결과의 질이 지니는 중요성을 고려해야 한다고 강조하거나, 행복이 고통이나 쾌락보다 훨씬 나은 척도임을 입증해보이려 할 것이다.

싱어 덕분에 공리주의를 통해 동물 윤리가 출현하게 되었다. 벤담은 애초부터 쾌락이나 고통을 느낄 수 있는 존재를 윤리의 영역에서 배제할 수 없다며 자신의 철학을 동물과 그들의 도덕적 지위에도 적용했다. 그에게 중요한 것은 동물이 합리적으로 생각하느냐, 말을 하느냐를 정확하게 알아내는 것이 아니라 그들이 고통스러워하는지 여부였다. 때문에 그는 다음과 같이 덧붙였다. "아마도 동물 피조물들이 독재의 손아귀만 아니었다면 절대 거부될 수 없었을 권리를 획득하는 것이 가능한 날이 올 것이다."[5] 싱어는 바로 계속해서 그 길을 따라가기로 결심한 것이고 그의 결심은 성공적인 결실을 거두었다.

그는 그의 윤리관을 처음 전개할 때, 동물의 이익에도 인간이 인간의 이익과 관련해서 기울이는 관심에 준하는 관심을 갖는다는 원칙을 신조로 삼았다. 요컨대 고통이라고 하는 것은 모두 유사할 것이므로 인간이 아닌 다른 종들이 느끼는 고통을 헤아리고 그것들이 그 고통을 느끼지 않을 권리에 대해서 똑같이 배려해야 한다는 입장을 취한 것이다. 예를 들어 산업화된 시설의 참담한 조건에서 자란 닭에게 어린 아이와 마찬가지로 고통받지 않을 권리가 있음을 고려해야 한다는 것이다. 물론 싱어는 우리가 그것들 모두를 동등하게 대접해야 한다고는 말하지 않는다. 고통받지 않는 것 외에 동물들은 나름대로 고유한 요구가 있을 수 있으며, 그 요구를 충족시키기 위해서는 각각의 동물에 대한 처우도 달라져야 한다는 말이다. 가령 닭은 탁 트인 곳에서 모이를 쪼아 먹을 수 있어야 하며, 어린아이는 학교에 갈 수 있어야 하는 식이다. 지금 우리는 단순한 감상주의와는 다른 이야기를 하고 있는 중이다. 별 생각 없이 닭을 잡아먹는 육식주의자라도 고양이나 개를 먹는다면 큰일이 나는 것처럼 생각하는 것이 바로 단순한 감상주의라 할것이다. 권리에 대한 동등한 배려라는 원칙 면에서 보자면 닭을 먹건고양이를 먹건 다를 게 없으며, 따라서 둘 다 지양해야 하는 것이다.

2009년, 피터 싱어와 나눈 대화

노르망 바야르종 『동물 해방』이 가져온 엄청난 반향에 선생 자신도놀라셨습니까?

피터 싱어 솔직히 말해서, 전 그 책이 보여준 임팩트에 특별히 놀라진 않았습니다. 그 책을 집필하면서 저는 이 책이 매우 강력한 논거를제시한다고 확신했습니다. 심지어, 이렇게 말해도 될지 모르겠으나,우리가 동물을 대하는 태도에는 심각하게 잘못되고 도저히 받아들이기 어려운 무언가가 있음을 입증하는, 도저히 반박 불가능한 논거로독자를 설득한다고 믿을 정도였거든요.

노르망 바야르종 그렇다면 선생은 어떤 반응을 기대하셨나요?

피터 싱어 전 많은 사람들이 윤리적 사고에 민감하게 반응할 수 있을거라는 생각을 가지고 있었으므로, 제 책으로 다수의 사람들이 동물을 대하는 태도를 바꿀 수 있을 거라고, 그리고 그렇게 되면 고기 소비를 중단하거나, 꼭 그런 게 아니더라도 아무튼 어떤 방식으로든 동물들을 착취하는 데 한몫 거드는 일은 하지 않게 되리라고 예상했습니다.

노르망 바야르종 그 책이 오늘날에도 출판 당시만큼이나 통찰력을 지니고 있다고 보십니까?

피터 싱어 그 책이 처음 출판된 지 35년이 지났습니다. 그런데도 아직까지도 쇄를 거듭하면서 독자들과 만나고 있고, 그렇게 함으로써 사람들에게 영향력을 행사할 수 있어서 무척 기쁩니다. 사실 제가 이 주제에 대해 강연을 할 때마다, 나이 구별 없이 많은 사람들이 저를 보러 와서는 들고 온 『동물 해방』 책에 사인을 해달라고 요청하면서 그 책이 얼마나 자신들의 삶을 바꿔놓았는지 들려주곤 합니다.

노르망 바야르종 개인적인 소회를 떠나서, 그 책은 우리 사회에 어떤 효과를 가져왔을까요?

피터 싱어 넓은 의미의 사회에 관해서라면, 2008년 11월 캘리포니아에서 있었던 국민투표 결과가 흡족했다는 말씀을 드리고 싶군요. 국민투표 결과, 캘리포니아 주민 63퍼센트가 닭을 집단으로 사육할 때 습관적으로 사용하던 닭장을 폐지하고 칸막이 형태의 돼지, 송아지 축사를 없애자는 법안에 찬성했습니다. 이렇듯 제가 그 책에서 제안한 몇몇 아이디어들이 서서히 일반 대중의 공감을 얻게 되었습니다.

이론에서 실천으로

공교롭게도 요리법이 수록된 유일한 철학 고전으로는 다른 책이 아닌 『동물 해방』을 꼽을 수 있을 것이다. 1975년에 나온 이 책의 초판에서 싱어는, 당시 서양에서 채식주의의 실천이 매우 드문 경우였음을 감안하여 자신의 주장에 기꺼이 설득되었으나 섭생 방식을 바꾸기 위해 무엇부터 어떻게 시작해야 할지 몰라 방황하는 독자들을 위해 몇 가지 요리법과 팁을 소개했다. 싱어가 제안한 요리는 콩을 주재료로 이용하는 인도 전통 요리 달이다.

피터 싱어식으로 달 만들기

올리브유 1T
으깬 마늘 2개
깍둑썰기 한 중간 크기 양파 1개
카레 가루 1 내지 2t(취향에 따라 양을
조절한다)
빨간 렌즈콩 250ml(1컵)
물 750ml(3컵)
월계수 잎 2장 내지 3장(취향에 따라
조절한다)

통계피 한 쪽
깍둑썰기 한 토마토 796ml(28온스)
짜리 통조림
코코넛즙 60ml(4분의 1 컵)
레몬즙 2T
소금

☆ T : 테이블스푼, t : 티스푼

1. 커다란 냄비에 기름을 두르고 마늘을 볶아 마늘 향이 나는 기름을 만든다. 거기에 양파를 넣고 양파 숨이 죽을 때까지 볶는다.

2. 숨이 죽은 양파에 카레와 소금을 넣고 1분 정도 더 볶는다.

3. 렌즈콩을 넣고 2~3분가량 휘저으며 볶은 다음 물을 붓고 월계수 잎과 통계피를 넣는다. 물이 끓어오르면 불을 약하게 줄인다. 약한 불에서 20분 정도 더 익히면서 가끔 저어준다.

4. 토마토를 넣고 내용물이 걸쭉해지도록 10분 정도 더 졸인다. 렌즈 콩이 부드러워지고, 전체적으로 다른 용기에 따를 수 있을 정도로 액상 타입이 되어야 한다.

5. 코코넛즙과 레몬즙을 넣고 잘 섞은 다음 냄비를 불에서 내린다.

6. 익힌 쌀, 망고 처트니를 곁들여 먹는다.

출처 : WhyVeg.com

유감스럽지만 인종차별주의와 성차별주의는 이제 우리에게는 익숙한 개념이다. 싱어는 이 두 개념의 친숙함만큼 이제부터는 사람들이 종차별주의 개념에도 관심을 가져야 한다고 주장한다.

1970년에 리처드 라이더Richard Ryder가 정립한 종차별주의라는 개념은 여타 개념들과 마찬가지로 같은 논리에 따라 기능한다. 종차별주의자라 함은 각 개체에게 주어진 생물학적 종이라는 소속감에 따라 우열을 구분하고, 이러한 타당하지 않은 기준으로 일종의 차별을 자행한다는 뜻이다. 가령 일부 종에만 특별한 대접을 용인하는 것이다. 이때 일부 종이란, 대개의 경우 자신이 속한 종임은 두말할 필요도 없다. 우리는 고양이, 개, 말을 비롯하여 몇몇 '귀엽고' '예뻐서' 우리에게 친숙한 반려동물들의 운명에 대해서는 기꺼이 마음을 쓰지만, 소, 돼지, 닭 같은 목축 동물들의 삶의 조건에 대해서는 거의 개의치 않는다. 하지만 정작 우리가 일상적으로 소비하는 것은, 다시 말해 옷이나 오락거리의 필요에 의해 활용하는 것은 바로 이런 동물들이며, 이들 또한 다른 동물들 못지않게 감수성을 지녔음에도 끔찍한 환경에서 살아간다.

싱어는 고통을 느끼는 역량이란 개념(이 개념이야말로 가장 중심적이며, 이에 따라 중대한 결과가 초래된다)이 공식화되고 명시적이 되어야 한다고 강조한다.

우리는 상식적인 차원에서 각기 다른 종들이 어떤 방식으로 고통에 반응하는지, 그 고통을 피하기 위해 어떻게 행동하는지 관찰할 수 있다. 생물학은 우리에게 각 종들의 신경 체계 사이에 존재하는 공통점과 각 종들의 생리적, 해부학적 유사성을 가르쳐준다. 진화론은 또한 인간이 다른 종들과 공통의 기원에서 유래했음을 일깨워주었으며 따라서 모든 종들은 의식을 지녔고 비근한 수준의 고통을 느끼므로 우리는 이들에 대해 동일한 관심과 배려심을 가져야 한다는 사실, 즉 이들을 동등하게 대해야 한다는 입장을 지지할 수밖에 없게 만든다.

고통을 느끼는 동물과 그렇지 못한 동물 사이에 경계선을 뚜렷하게 긋기란 점점 더 어려워지고 있다. 몇몇 부류(대형 유인원류, 포유류, 조류 등)는 그와 같은 특성을 부여하는 데 거의 아무런 문제가 없으나 (이들은 결정적으로 고통을 아는 인간이라는 동물과 같은 부류에 해당된다), 그처럼 단언하기 쉽지 않은 부류도 적지 않다. 사정이 이러니 무척추동물과 갑각류 같은 것들은 어째야 좋단 말인가? 그런가 하면 굴과 조개 등은 비교적 명쾌하게 인간적인 동물의 반대쪽에 위치하는 듯하다.

우리가 동물을 대하는 방식에 관한 성찰이 실제 함축하는 내용은 정말 엄청나다. 가령, 그 방식에 따라 동물을 대상으로 실험을 하느냐 마느냐 여부가 결정될 수 있고, 동물을 오락이나 유흥의 목적으로 이용해도 좋은지, 동물로 옷을 해 입어도 되는지, 동물 사냥은 허용되어도 좋은지 등이 합의된다. 여기엔 물론 우리가 그것을 먹어도 되는지의 문제도 포함된다. 이를 위해 우리는 그 동물들이 어디서 오는지, 오늘날 그것과 함께 먹는 다른 동물성 식품들이 어떻게 태어나서 자라는지 알아야 한다. 이 동물들의 고통은 때 이른 죽음과 동의어다. 싱어는 산업화된 목축 현장에서 전개되는, 논란의 여지가 큰 목축 방식들을 다음과 같이 묘사한다.

"오늘날 미국에서는 매주 고도로 자동화된 공장에서 사육된 1억 200만 마리의 닭(한 해로 따지면 53억 마리의 각종 조류들)이 우리

'동물에 대해 책임을 지는' 섭생 방식

락토 오보Lacto-Ovo

모든 동물의 고기는 배제하나, 그 외 우유, 달걀, 꿀 등 동물의 활동에서 비롯된 식품은 섭취하는 채식주의.

락토Lacto

모든 동물의 고기, 계란은 배제하지만, 우유와 꿀 등 동물의 활동에서 비롯된 일부 식품은 허용하는 채식주의.

오보Ovo

모든 동물의 고기와 유제품은 배제하나 달걀, 꿀 등 동물의 활동에서 비롯된 일부 식품은 허용하는 채식주의.

비건Veganism

모든 동물의 고기와 우유, 달걀, 꿀 등 동물의 활동에서 비롯된 모든 식품까지도 배제하며 모피, 밀랍, 가죽 등 동물에서 비롯된 모든 생산품과 동물을 대상으로 하는 각종 실험마저도 거부하는 총체적인 생활 방식.

과실주의Fruitarianism

완전히 익은 채소, 콩이나 박과 채소처럼 일부 채소만 먹고 괴경성塊莖性 식물은 먹지 않는 채식주의의 한 갈래. 이 방식은 식물에게 해를 주지 않는 범위 내에서만 인간의 섭취를 허용한다.

생채식주의Raw-vegan

아예 익히지 않거나 섭씨 48도를 넘지 않는 온도에서 익힌 채소만을 먹는 비건 채식주의의 한 갈래. 그렇게 하는 것이 건강에 좋기 때문이라고.

반¥ 채식주의Semi vegetarianism

붉은 살코기의 섭취는 배제하나, 가금류, 생선, 해산물 섭취는 허용하는 채식주의.

"일부 채식주의자들은 의무론적인 관점보다는 윤리적 관점에서 자신들의 섭생 방식을 택한다. 바꿔 말하면, 그들은 동물 사육 방식이 윤리적이고 적절하다면, 특히 동물들에게 고통을 가하지 않는다면, 동물성 식품의 소비를 반대하지 않는다는 말이다."*

* 레아 퐁텐Léa Fontaine, "채식주의 : 동물들을 배려하는 윤리적 선택Le végétarisme : un choix éthique envers les animaux", 《아 바보르!À bâbord!》지, 42호, 2011년 12월~2012년 1월호.

에게 고기를 제공하기 위해 죽음을 맞는다. … 우리는 농장에서 자라던 닭들을 실내에만 가둬둠으로써 이들을 공장에서 찍어내는 제품으로 변모시켰다. 닭 생산자는 부화장을 통해 부화한 지 며칠밖에 안 된 병아리 1만~5만 마리 정도를 공급받아, 이들을 창문 없는 기다란 창고형 닭장에 넣는다. … 이 병아리들은 최소한의 사료로 최대한 빨리 성장할 수 있도록 통제되고 관리된다. 부화한 지 7주가 지나면 닭들은 죽음을 맞는다. 참고로 자연 속에서 사는 닭들의 평균 수명은 대략 7년이다. 죽는 순간 닭들의 무게는 4에서 5파운드가량 되는데, 이 무렵 이들에게 주어진 공간이라고는 한 마리당 2분의 1평방피트가 전부다. 다시 말해서 일반적인 종이 한 장 크기보다도 작다. … 녀석들이 서로의 털을 뽑거나 서로를 쪼아 먹는 현상은 품질상의 결함으로 치부되나, 사실 이 결함은 자연적인 것이 아니다. 스트레스와 과도하게 밀집된 환경이 야기한 것이다. 닭들은 본래 매우 사회적인 동물이라, 90마리쯤이 함께 모여 사는 농장에서라면 자연히 위계질서가 성립된다. … 하지만 8만 마리라면 상황은 완전히 달라진다. 이들을 효율적으로 관리하기 위해 농장주는 조명을 아주 낮추고 … 뜨겁게 달군 날로 부리를 짧게 자른다."[6]

모든 사람의 입맛에 두루 들어맞지는 않는 요리법

하지만 오늘날 일부 사람들은 반드시 싱어의 요리법을 맛보고자 하지 않는다. 대표적이라 할 만한 데다 철학적으로도 충분히 근거 있는 두 가지 입장을 통해서 이를 판단해보자.

칸트에게 영감을 받았으며 흔히 '의무론자들'이라고 불리는 몇몇 사람들이 보기에 싱어와 공리주의자들은 철저하게 자신들의 입장을 밀고 나가지 않는다. 톰 레건Tom Regan은 이론의 여지없이 이러한 입장을 옹호하는 자들 가운데 단연 리더 격인 인물이다. 그에 따르면 동물은 '하나의 삶의 주체'이며, 그렇기 때문에 권리를 지녔고, 우리는 그 권리를 존중해줘야 마땅하다. 동물의 권리를 존중해주기 위하여 몇몇 경우에는(잠정적으로 돌고래 같은 동물) 그들에게 인간의 지위마저 부여할 수도 있다. 물론 의무론자들이라고 해서 동물에게 대학을 다닐 권리까지 인정해주자고 요구하지는 않지만, 적어도 고문당하지 않고 실험용으로 희생당하지 않을 권리 정도는 인정해줄 것을 요구한다. 대형 유인원류에 해당되는 몇몇 동물들과 관련하여, 의무론자들은 지금까지는 인간에게만 허용되던 권리들을 동물에게도 용인해주기를 바란다. 이러한 그들의 생각이 여론과 일부 입법 논의에도 반영된 덕분에 '비인간 동물animal non human'이라는 표현이 일상 속에 자리 잡게 되었다.

이들의 입장은 궁극적으로 동물 착취 폐지를 지향점으로 삼으며, 이는 공리주의자들의 전형적인 '복지주의'7와는 상당한 거리가 있다. 동물 착취 폐지론자들은 그들이 한탄하며 비판하는 이제까지의 관습을 완전히 금지해야 한다고 요구한다. 반면 반대론자들은 수용할 수 있는 조건이 충족된다면 그러한 관습을 용인할 수 있다고 보는 입장이다. 동물 착취 폐지론자들은 복지주의자들의 입장을 가령 성매매를 철폐하는 것이 아니라 적절한 조건하에서라면 이루어져도 된다고 하는 것과 다르지 않다고 본다. 간혹 이들은 더 나아가 동물 착취 폐지 거부 입장을 노예제 폐지 거부와 비교하는 도발적인 논쟁도 서슴지 않는다.

인간에게도 권리가 있다

싱어에게 대항하는 두 번째 반대 세력은, 더 나은 용어를 찾지 못한 탓에 일단 '연민주의자적 입장'이라고 이름 붙여두겠다. 로저 스크러턴Roger Scruton 같은 현대 철학자를 이 입장의 대변인으로 볼 수 있다. 스크러턴은 조금도 망설이지 않고 사회에서 현재 통용되는 공장형 사육은 용납될 수 없다고 주장한다. 또한

로저 스크러턴
©Knihovna Václava Havla,
Ondřej Němec

이유를 따질 것 없이, 일부 동물들까지도 포함할 수 있도록 윤리의 영역을 넓히자는 제안도 서슴지 않는다. 그러나 그와 싱어나 레건 같은 인물의 결정적인 차이는 이러한 확장을 정당화하는 이유, 이러한 영역 확대가 어느 정도의 범위에서 실현되어야 하는지의 문제를 대하는 방식에서 드러난다고 할 수 있다.

스크러턴은 권리와 도덕성에 관한 계약 이론을 지지한다. 이러한 각도에서 보면 권리와 도덕성은 합리적이고 이성적인 주체들이 선택해 합의한 규범에 해당되며, 이 합의의 주체들은 서로 계약 관계를 맺게 되는 셈이다. 물론 동물들이 이와 같은 계약의 당사자가 될 수 없음은 자명하다. 스크러턴에 따르면, 그러므로 동물들에 관해 권리를 논한다는 것은 무의미하다. 이렇게 보면 그는 인간이 동물에 대해 어떠한 직접적인 의무도 없다고 생각한 칸트와 입장을 같이 한다고 할 수 있다. 따라서 스크러턴은 동물을 세 부류로 구분해, 이들에 대해 인간이 각기 다른 의무를 지닌다고 주장한다. 각기 다른 의무라고는 하나, 공감과 연민이라는 이상향에 토대를 둔 의무라는 점에선 다르지 않다.

① 첫 번째 유형 : 반려동물

반려동물은 인간 윤리공동체의 명예 구성원 지위를 갖는다. 그들과 관련해 우리에겐 매우 특별한 의무가 부과된다. 우리는 그들에게 일정 수준의 복지를 제공해야 하며, 그들이 생명체로서의 정체성을 충분히 실현하게 해주어야 한다. 이를 위해 우리는 그들에게 운동의 기회와 적절한 자극, 그들이 관심을 보일만한 활동 등을 제공해야 한다. 또한 이들이 적당한 규율에 익숙해지도록 훈련하고 길들여야 하며, "그들과의 관계에 있어서 엄격해야 한다. 즉, 잘못을 하면 벌을 주어야 하고, 욕망을 제한해야 하며, 올바른 품성을 길러주어야 한다."[8]

② 두 번째 유형 : 인간을 위해 봉사하는 동물

스크러턴은 우리에게 유용한 동물을 이 유형으로 분류한다. 짐을 나르는 동물(특히 말)과 투견, 투우 등의 운동 경기에 등장하는 동물들이 여기에 해당된다. 스크러턴에 따르면, 우리는 이들을 반려동물과 같은 방식으로 취급해야 한다.

그는 동물원에 전시되는 동물도 이 두 번째 부류에 포함시키는데, 그가 보기에 동물원 전시란 우리가 그 동물들에게 품고 있는 호감이나 연민 등을 고려하면 절대 옹호되어선 안 될 악습이다. 또한 인간이 사용하는 물건을 생산하기 위해 사육되는 동물들, 가령 우유를 생산하는 젖소, 모피를 제공하는 밍크, 고기를 주는 돼지 등도 여기에 해당된다.

스크러턴은 현재 통용되고 있는 관습을 폐지할 것을 요구하지만, 그러면서도 적절한 환경 속에서 생산된 육류나 그 외 생산품의 소비마저 반대하지는 않는다. 마지막으로 그는 연구를 위해 사육되는 동물들도 이 부류에 집어넣는다. 물론 그 동물들의 고통을 최소화하고, 이들이 가장 현명하고 적절하게 활용되어야 한다는 단서를 잊지 않는다.

③ 세 번째 유형 : 야생동물

야생동물에 관해서라면, 스크러턴은 호감과 연민을 가질 필요는 있되 인간에게 득이 되는 방향으로 행동해야 한다고 말한다. 말하자면, 들쥐 박멸을 소망하며 들쥐 사냥을 계속하려는 것은 어디까지나 정당하다는 입장인 것이다.

> "네가 무얼 먹는지 내게 말해주면, 난 네가 어떤 사람인지 알려주지"[9]

채식주의를 옹호하는 공리주의적 논리는 이외에도 널려 있다. 육류 생산이 각종 오염과 엄청난 양의 물 소비, 메탄가스 발생으로 인한 기후 온난화 가속화 등으로 말미암아 과도한 환경 비용을 야기한다는 사실은 누구나 다 잘 알고 있다. 우리가 육류를 얻기 위해 기르는 동물들의 사료용으로 재배하는 곡물들을 그 동물들이 아닌 우리가 직접 소비하는 편이 의심할 여지없이 훨씬 효율적이지 않겠는가!

그러나 싱어가 보기에 무엇보다도 육류 소비라는 일시적인 쾌감을 충족시키기 위해 동물들이 견뎌야 하는 태산 같은 고통은 우리 인간이 하루 바삐 그 쾌감을 단념해야 하는 이유다. 단념한다고 해서 인간의 건강에 위험신호가 켜지는 것도 아니니 말이다. 계산은 아주 간단하다. 채식주의자가 되는 건(반드시 채식주의자가 아니어도 육류 소비를 금하는 다른 어떤 섭생을 택해도 마찬가지다) 동물의 고통을 눈에 띄게 감소시키는 데 기여하는 지름길이다.

위 : 산토끼를 비롯한 다른 사냥감들, 1939년
아래 : 사냥감들이 놓인 정물화, 지우세페 레코Giuseppe Recco의 그림, 1634~1695년

주

1. 오비디우스, 『변신』, 파리, 가르니에-플라마리옹 출판사, 1966년, 373쪽.

2. 플루타르코스, 『플루타르코스의 모랄리아』, 파리, 디디에 출판사-서점, 1844년.

3. Gn1.26. 루이 스공의 번역.

4. 제러미 벤담, 『도덕과 입법의 원리 서설Introduction aux principes de morale et de législation』, 파리, 브랭 출판사, 2011년.

5. Ibid.

6. 피터 싱어, 『동물 해방』, 뉴욕, 에코 출판사, 2002년, 98~103쪽.

7. 복지주의는 인간이 동물을 착취하고 다루는 방식을 문제 삼을 뿐, 착취 그 자체를 문제라고 여기지는 않는다.

8. 로저 스크러튼, 『동물의 권리와 동물에 대한 부당행위Animals Rights and Wrongs』, 런던, 데모스 출판사, 1996년, 70쪽.

9. 앙텔름 브리야-사바랭, 『미식 예찬』, 경구 4, 파리, A. 소틀레, 1825년. 프랑스 국립도서관 웹사이트[www.gallica.bnf.fr]

①

'동물에 대해 책임을 지는' 섭생의 취지에 따라, 초대 손님들에게 언급된 각각의 섭생에 대해 나름대로의 정의를 내려 보라고 권유해보자. 대화를 조금 더 맛깔나게 이끌어가려면 섭생 방식 목록에 '문화주의culturalisme'라는 용어를 양념처럼 슬쩍 끼워 넣어보자. 문화주의란 인류학과 정신분석을 연계시키는 인류학의 한 사조를 가리킨다.

②

초대 손님들을 두 그룹으로 나누어보자고 제안한다. 가령 한 쪽은 투우를 찬성하고, 다른 한 쪽은 반대하는 것이다. 이런 식으로 나누어서 각 집단마다 자기들이 찬성 또는 반대하는 논거를 제시하도록 한다. 이를테면 각자가 능력 있는 기자가 되어 투우라는 주제에 관해 토론을 벌여보는 것이다.

③

인간에서 동물, 식물을 거쳐 돌에 이르기까지, 자연의 각 계 사이에 경계가 어떻게 설정되는지, 생명체를 분류하는 경계선이 어디에 있는지 논의해보자.

④

거위 간을 곁들인 푸틴poutine과 철갑상어의 알 가운데 당신이라면 어느 쪽을 택할 것이며, 그 이유는 무엇인가?

피터 싱어의 사상에 입문하고자 하는
사람들을 위해, 베스트셀러가 된 그의
대표작과 짧은 글 하나를 소개한다. 그
글들이라면 모름지기 독자들까지도 싱
어와 마찬가지로 채식주의자가 되도록
설득시킬 것이다.

→ 『동물 해방La Libération animale』, 파리,
페이요 에 리바지 출판사, 2012년.

→ 『인간에게 설명하는 동물의 평등성
L'égalité animale expliquée aux humains』
[www.infokiosques.net/lire.php?id_
articles=133]

안락사에서 낙태 등 다양한 주제에 대
한 그의 입장을 알아보고 그가 말하는
공리주의에 익숙해지기 위해서라면 아
래 책을 소개한다.

→ 『실용적 윤리 문제Questions d'éthique
pratique』, 막스 마르쿠지가 영어를 프
랑스어로 번역, 파리, 바야르 출판사,
1997년.

그가 다윈의 사상을 진지하게 고려하여 구상한 좌파 정책에 관한 탐구서도 한 권 소개한다. 그에 따르면, 이 문제에 대한 답은 생물학에서 밝혀낸 다양한 형태의 협력과 이타주의에서 찾을 수 있을 것으로 보인다.
→『다윈주의적 좌파 : 정치, 진화 그리고 협동Une gauche darwinienne : politique, évolution et coopération』, 마뉘엘 방기기가 영어를 프랑스어로 번역, 파리, 카시니 출판사, 2002년.

세계화의 긍정적 효과와 위험성, 그리고 그로 인한 불평등에 관해서라면,
→『하나의 세계 : 세계화의 윤리One World Now : The Ethics of Globalization』, 뉴헤븐(CT), 예일대학출판부, 2004년.

우리 각자로 하여금 전 지구적인 차원에서 극빈 상황을 타개, 아니 적어도 본질적으로 축소시킬 수 있는 행동에 나서도록 부추기는, 매우 감정적이면서도 논리적인 책 :
→『한 생명을 구하기 : 바로 지금 빈곤을 뿌리 뽑기 위한 행동에 나서자Sauver une vie : agir maintenant pour éradiquer la pauvreté』, 파리, 미셸 라퐁 출판사, 2009년.

싱어의 사상이 빚어낸 몇몇 첨예한 갈등을 정리한 책 :
→ 『화염에 휩싸인 싱어 : 우상파괴적인 도덕성에 가해지는 비판Peter Singer Under Fire : The Moral Iconoclast Faces His Critics』, 제프리 A.-샬러, 시카고 (IL), 오픈코트 출판사, 2009년.

동물의 권리에 관한 문제들을 다룬 책 :
→ 장-바티스트 장젠 빌메르Jean-Baptiste Jeangène Vilmer, 『동물윤리L'Éthique animale』, 파리, PUF 출판사, '크세주' 총서, 2015년.
→ 『대형 유인원류 프로젝트 : 인류를 넘어선 평등Le Projet Grands Singes : l'égalité au-delà de l'humanité』, 파올라 카발리에리와 피터 싱어 지도. 마르크 로장봄이 영어를 프랑스어로 번역. 낭트, 원보이스 출판사, 2003년.

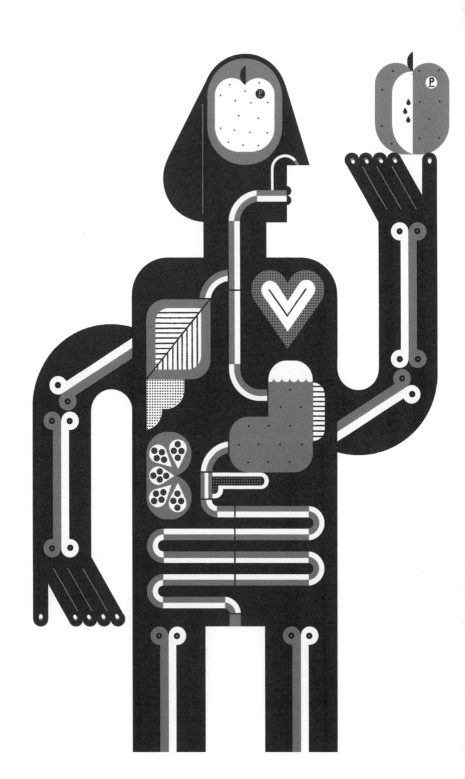

5

나는 생각한다,
고로 먹는다

나의 먹을거리는
분별력을 가지고
선택할 것

오늘날 당면한 문제 하나는 과연 우리가 먹을 것을
우리 자신이 선택하는지, 아니면 누군가가
우리에게 강요하는 건지 알 수 없다는 점이다!
식품을 둘러싼 허위 과장 광고를 비롯한
수많은 기만적인 정보들을 어떻게 생각해야 하는 걸까?
초연한 태도로 현실이 그렇거니 하면서 그대로
받아들여야 하는 걸까, 그러지 말고 끊임없이
의심하면서 영리한 선택을 해야 하는 걸까?
이 문제에 대한 좀 더 확실한 답을 얻기 위해서
최적의 안내자를 따라서 슈퍼마켓이라는
정글 속으로 들어가보자.

"인간 존재들로 하여금 바르지 못한 행동을 하게 만들고 자신의 이익에 반하는 행동을 하게끔 강제하는 수많은 쾌락이 존재하지만, 음식과 관련된 쾌락이 틀림없이 그중에서 가장 무찌르기 힘든 쾌락일 것이다. 우리는 다른 쾌락의 원천은 훨씬 덜 자주 만나고, 따라서 그런 것 없이 몇 달 심지어 몇 년도 거뜬히 지낼 수 있다. 그렇지만 맛있는 음식을 먹는 쾌락에 대한 유혹은 매일, 하루에도 두 번씩이나 우리를 찾아온다. 인간에게 있어서 먹지 않고 살기란 불가능하기 때문이다."

—무소니우스 루푸스(Musonius Rufus)

회의론자와 스토아주의자의 장보기

하이브리드 자동차 한 대가 다가온다. 로라다. 서른한 살의 로라는 오늘 저녁 자기 집에서 함께 식사하자고 나를 초대한 터다.

뇌 과학 석사 학위를 받은 후 철학 박사 학위까지 획득했지만, 로라는 자신을 철학자도 뇌 과학자도 아닌 회의론자라고 정의한다. 놀이와 교수법에 남다른 감각을 지닌 로라는 나에게 저녁식사 준비를 위한 장보기부터 같이 하자고 제안했다.

그녀의 차에 올라탄 나는, 스토아주의자적인 천성을 타고난 데다 약간 도발적인 성격의 소유자이기도 한 탓에, 차에 타자마자 이 슈퍼마켓 '나들이'가 익히 알려진 그녀의 회의주의적 성향과 무슨 상관이라도 있는지 묻는다. 대답 대신 그녀는 그저 배시시 미소만 짓는다. 그 틈을 타서 나는 도대체 회의론이 정확하게 무엇을 뜻하는지 설명해달

라고 대뜸 졸라댄다. 회의론이라는 사고방식을 설명할 기회가 온 것이
너무도 기쁜지 그녀는 신이 나서 입을 놀린다.

소크라테스

"회의론Scepticisme('내가 검토해본다'란 뜻의
그리스어 Skeptomai에서 유래한 단어)은 무엇보
다도 고대에 피론Pyrrhon(기원전 365~275년경)
이 세운 하나의 철학 학파로, 피론은 소크라테
스(기원전 470~399년)와 마찬가지로 글이라고
는 전혀 남기지 않았어요! 이 단어는 당시 아
주 특별한 의미를 지니고 있었죠. 회의론자는 정신적으로 평정한 상태
('아타락시아Ataraxia' 또는 '영혼의 평화'라고 불리는 상태)에 도달하고자 노
력하는데, 자신이 진실을 보유하고 있다는 자만심을 비롯한 각종 믿
음, 그 외 우리의 열정에 불을 붙이는 판단들 때문에 거기에 접근하기
란 점점 어려워지기만 하죠. 정신적인 평정에 이르는 길로 접어들기
위해서는 지식에 대한 비판, 스스로 안다고 믿는 것에 대한 비판을 거
쳐야만 해요."

나는 로라에게 자신이 모른다는 사실을 잘 알고 있다고 주장하는
건 뭔가 앞뒤가 잘 맞지 않는 모순이 아니냐고 되묻는다.

"잠깐!" 그녀가 내 말을 끊는다. "물론 회의론자는 주장하지 않아
요. 그렇게 한다면 그건 일관성 없는 행동이 될 테니까요. 하지만 회의
론자는 진실이라고 여겨지는 모든 믿음을, 모든 제안을 따져보려고 노
력하죠. 그래야 판단 중지épochè를 통해서 안다고 하는 주장을 제압할
수 있고, 판단 중지를 통해 정념을 다스릴 수 있으니까요."

"그렇다면 그건 도대체 뭡니까, 하나의 방법에 불과한 겁니까, 아
니면 제대로 정립된 철학입니까?"

철학자의 식탁

"회의론자는 일상을 꾸려가며 삶 자체를 비철학적인 안내자로 여깁니다. 회의론자는 예를 들어 우리가 이러저러한 느낌을 받을 수 있다는 사실을 부정하지 않는단 말이죠. 그런데 이러한 느낌, 이러한 감각으로부터 무엇인가를 끌어내려는, 그러니까 그것으로부터 진실을 찾았다고 주장하고 이를 교리화하려는 경향은 지우려고 애를 쓰는 겁니다. 어떤 하나의 긍정 앞에서 회의론자는 문제의 그 긍정이 거짓이라고 넌지시 말하는 것이 아니라, 그것의 진실 값에 대해서는 아무 것도 알 수가 없다고 말할 뿐이다, 이런 말이죠. 이런 연유로 회의론자는 늘 각성 상태로 비판 정신을 유지한다고 봐야죠."

"요컨대, 판단이라는 부담으로부터 벗어나려 한다는 건가요?"

"바로 그거죠. 우리가 고대의 회의주의에 대해 알고 있는 것의 대부분을 『피론주의 철학의 개요Esquisses pyrrhoniennes』라는 저서로 집대성한 섹스투스 엠피리쿠스Sextus Empiricus(2~3세기)는 "회의주의적 태도는 가능한 모든 방법을 동원해서 현상과 사상을 대립시키는 것으로, 이는 현상과 그에 대한 추론이 동등한 값을 가진다고 할 때 일시적으로 모든 판단을 연기하게 해줌으로써 우리를 모든 곤혹스러움으로부터 해방시켜준다"[1]고 했어요. 이런 상태에서는 "모든 것을 알아야 하고 모든 사물에 대해 가치를 매겨야 하는 의무로부터 오는 모든 불안감"이 제거되죠.[2] 잘 알려진 '회의주의적 표현들'이 그가 갈망하는 정신 상태를 말해주죠. 가령 '아마도', '그렇다고 치자', '난 판단을 보류할래', '난 이해할 수 없어', '그럴 수도 있겠네' 이런 표현들 말이에요."

나는 그런 태도는 몇몇 규칙 없이는 지속적으로 유지하기 어렵지 않을까 속으로 궁금해한다.

"『피론주의 철학의 개요』에는 그러기 위해서 의심을 해야만 하는 수많은 이유들이 집대성되어 있는데, 이는 곧 자신의 판단을 중지하고 교조주의에서 벗어나기 위한 동기라고도 볼 수 있어요." 내 마음 속을 들여다보기라도 한 듯 때맞춰 로라가 설명한다.

"그렇군. 하지만 그래도 감각과 이성이 지각하는 건 논란의 여지가 없는 거잖소."

"이보세요, 꿈 깨세요! 가령 몽테뉴Michel De Montaigne(1533~1592년) 같은 철학자를 예로 들어보죠. 그 사람의 생각은 '나는 무엇을 아는가?'라는 말로 요약될 텐데, 그게 다 고대의 회의론에서 많은 영감을 얻은 결과라고 할 수 있다고요."

몽테뉴

"우리가 맞이하는 인물들의 겉모습으로부터 그들을 판단하기 위해서는 판단을 위한 도구가 필요하며, 그 도구가 사용할 만한지 확인하기 위해서는 이를 시연해 보아야 할 것이다. 그런데 그 시연이 적절한지 확인하려면 또 다른 도구가 필요하다. 이렇듯 우리는 꼼짝없이 쳇바퀴에 걸려 있다. 감각이 온통 불확실성으로 가득한 나머지 우리의 논란을 멈추게 할 수 없으니, 이성이 나서야 한다. 그런데 그 어떤 이성도 다른 이성 없이는 홀로 기능할 수 없다. 우리는 그러므로 끊임없이 뒷걸음질만 쳐야 하는 형편이다."[3]

"데카르트(1596~1650년)가 나타나서 그 유명한 '나는 생각한다, 고로 나는 존재한다'로 그 같은 쳇바퀴를 멈추려고 했죠, 안 그렇습니

철학자의 식탁

까?"

"어떤 의미에서는 그렇죠. 데카르트는 체
계적으로 모든 것을, 조금이라도 의심이 가는
점이 있는 모든 것을 의심한 끝에 '나는 생각
한다, 고로 나는 존재한다'라는 확실성에 도달
한 셈이니까요. 감각에 의거한 증언, 외부 세

얀 밥티스트 웨닉스Jan Baptist
Weenix가 그린 데카르트

계의 존재, 심지어 수학적 진리 같은 것들에 대해서 '교활한 정령'이
우리로 하여금 2 더하기 2는 4임을 믿게 해가면서 오류로 인도하는 건
아닌지 의심했단 말이죠! 데카르트는 혹시라도 이렇게 혹독하게 의심
하다 보면 뭔가 견디지 못하고 무너지는 것이 나타나지 않겠느냐는 야
심을 가지고 이렇듯 철저한 회의주의적 사고를 밀고 나갔어요. 그가
도달한 코기토cogito, 즉 사유는 의심의 여지가 없었으므로, 데카르트는
거기에서 출발해서 세상을 다시금 자기 것으로 만들었고, 그 세상을
이해하려는 작업을 시작했죠. 수학을 도구 삼아서 말이에요. 그러니까
회의론이 17세기에 들어와 경험적, 실험적 과학이 탄생하는 데에 얼마
나 깊숙하게 개입했는지 이해할 수 있죠."

"그건 그렇고, 회의주의에 절반쯤 설득당한 경험주의자로서 말하
건대, 이렇게 말하니 내가 데이비드 흄David Hume(1711~1776년)이라도
된 것 같은데, 아무튼 이야기를 하는 사이에 우리가 벌써 슈퍼마켓에
도착한 것 같군요!"

"그럴 수도." 로라가 거대한 주차장에서 빈자리를 찾으면서 장난
스럽게 대꾸한다. 그녀는 내가 무얼 암시하는지 잘 알아들은 눈치다.

데이비드 흄의 여왕의 수프 레시피

언젠가 길버트 엘리엇Gilbert Elliot에게 보낸 편지에서 흄은 인생의 말년을 요리사로서 자신의 재능을 발휘하는 데 투자하고 싶다고 말한다. 그는 "지금 내 눈앞에는 여왕의 수프 요리법이 펼쳐져 있지. 내 손으로 직접 옮겨 적은 거라네. 배추를 곁들인 고기 스튜와 구운 양고기 요리라면 나를 따라올 경쟁자가 없지. 내가 말일세, 양 머리 고기 육수를 어찌나 완벽하게 고았던지, 키이스 씨가 일주일 후에도 그 얘길 하지 뭔가"*라며 자랑을 늘어놓는다. 흄은 실제로 프랑스에서 적지 않은 요리법을 들여왔는데, 유명한 여왕의 수프(또는 포타주)도 그 중 하나였다. 여왕의 수프는 마르그리트 드 프랑스Marguerite de France(또는 마르그리트 드 발루아Marguerite de Valois) 왕비가 좋아하는 음식들 가운데 하나였다. 궁에서는 매주 목요일마다 이 음식을 식탁에 올렸다고 한다.

1839년에 나온 한 요리 사전에서는 이 음식을 다음과 같이 소개한다.

"맑은 수프 한 컵을 준비한다. 거기에 달걀 하나 크기만큼의 빵의 속살을 넣는다. 그런 다음 수프가 스며든 빵, 꼬치에 구운 닭 가슴살과 달콤한 아몬드 열두 개, 쌉쌀한 아몬드 세 개, 완숙으로 삶은 계란 노른자 6개를 절구에 넣고 잘 빻는다. 모든 재료가 잘게 부서졌으면 거기에 빵을 넣었던 국물, 크림(또는 우유) 4파인트를 더한다. 건더기를 체에 거른 후 소금 후추로 적당히 간을 한다. 수프는 빵 껍질을 잘 잘라낸 크루통이 준비되면 거기에 따뜻한 수프를 부을 수 있도록 중탕 상태를 유지한다. 이때 온도가 너무 높아 수프가 부글부글 끓어오를 정도로 만들면 곤란하다. 그러면 수프 맛이 변하니까."**

* 필라레트 샤즐Philarète Chasles, 『19세기 영국의 문학과 풍습에 관한 연구Études sur la littérature et les moeurs de l'Angleterre au XIXe siècle』, 파리, 아미요 출판사, 1850, p.265에서 인용.

** 드 라 레이니에르M. De La Reynière, 『신미식예찬Néo-physiologie du goût par ordre alphabétique ou Dictionnaire général de cuisine』, 1839년, p.389.

우리는 차에서 내려 쇼핑센터 안으로 들어간다. 일단 쇼핑센터 안으로 들어서자마자 로라가 나를 멈춰 서게 한다.

"뭐가 눈길을 끌죠? 뭐가 제일 먼저 보이느냐고요? 게다가 혹시 무슨 소리도 들리지 않나요?"

그건 어려운 질문이 아니었다. 우리 앞에는 분수가 하나 보이고 그 분수 주변에는 벤치가 놓여 있다. 거기에는 꽃들이 있고(진짜 꽃이다) 게다가 나무도 한 그루 있다. 그것도 진짜 나무다. 우리가 방금 떠나온 주차장과 너무도 극단적으로 대조된다. 주차장이 적대적이고, 시끄럽고, 녹색식물이라고는 전혀 보이지 않는 곳이었던 만큼, 이 분수는 우호적이고 평온을 안겨주며, 제법 오래도록 발걸음을 멈추게 한다.

분수가 그 같은 효과를 위해서 조성된 공간임은 두말할 필요도 없다.

"이 쇼핑센터로 들어오면서 우리는 말하자면 소비를 조장하는 기계 장치 속으로 들어온 셈이죠." 로라가 말한다. "많은 실험을 거치면서 그 성능을 입증해보인 대단히 효율적인 장치. 당신은 방금 시야에 들어오는 것을 다 얘기했고, 그건 예리한 관찰이었어요. 그러니 이번에는 소리에 집중해보시죠."

나는 귀를 기울인다. 외부의 소음이 어느 틈엔가 마음을 진정시켜주는 감미로운 음악에 자리를 내어주었는데, 그 음악은 분수와 기가막히게도 잘 어우러지면서 역시 오가는 사람들의 발걸음을 멈추게 하는 데 일조하는 것 같았다.

우리는 목적지인 슈퍼마켓을 향해서 걸어간다. 바구니를 하나 집

슈퍼마켓, 토마스 J. 오할로란Thomas J. O'Halloran이 찍은 사진, 1957년 (의회도서관)

어든 로라는 나에게 그 바구니가 얼마나 큰지 확인하게 한다. 그러고는 바구니에 자리가 많을수록 사람들은 더 많은 물건을 사들이는 경향이 있음을 밝혀낸 한 연구 결과를 언급한다.

슈퍼마켓 안에서는 또 다른 종류의 감미로운 음악이 우리를 반겨준다. 그런데 이번에는 로라가 나에게 무슨 냄새가 나는지 맡아보라고 요청한다. 분명 고객들의 후각을 자극하는 냄새가 날 거라는 것이다. 나는 예전에는 그런 것에 전혀 신경 쓰지 않았는데, 이번에는 슈퍼마켓 입구에 발을 들여놓기가 무섭게 조리된 음식 코너가 나오고, 거기서는 매우 강력하면서 입맛을 돋우는 냄새가 풍기는 것이었다. 으음, 특히 구운 닭 냄새라니….

"고객이 맡는 이 냄새들은 조금 전에 말한 기계 장치에서 중요한 역할을 해요. 그의 식욕을 자극함으로써 그 판매대에서 무언가를 사도록, 혹은 사지 않도록 조종하니까요."

로라는 잠시 말을 멈추더니 손가락으로 넓은 공간을 가리킨다.

"슈퍼마켓에 들어오자마자 거의 언제나 과일과 채소를 제일 먼저 만나게 된다는 것쯤은 경험적으로 잘 알고 있으리라 믿어요. 거기에는 여러 가지 이유가 있는데, 한 번 알아 맞춰볼래요?"

"예쁘니까!"

"진짜 그렇군요. 하지만 그게 다가 아니죠." 로라가 말한다. "여기 이렇게 영리하게 진열되어 고객에게 제공되는 이 모든 과일과 채소, 흠이라고는 (거의) 전혀 없고(솔직히 그런 이유 때문에 그 위치에 놓이게 되었을 테지만), 우리가 마음대로 만져보고 선택할 수 있는 이 물건들은 우리가 슈퍼마켓이라는 공간, 다시 말해서 주로 산업 생산 제품들을 판매하는 공간 안에 있음을 잊게 만든다고요. 이 과일과 채소들 덕분에 우리는 거의 예전에 드나들던 식료품점, 우리가 마음대로 물건을 고를 수 있었던 가게에 있다는 착각을 하게 되거든요. 그뿐 아니라, 요즘 세상에선 누구나 과일과 채소를 많이 먹는 것이 매우 중요하다는 사실을 잘 알고 있죠. 따라서 우리는 초입에서 건강을 챙긴다는 이 중요한 임무를 일단 해치우고, 이어서 더 중요한 일로, 그러니까 그건 어디까지나 상인들 입장에서 보면 그렇다는 말이 될 테지만, 아무튼 다음 단계로 넘어가는 겁니다. 이를 테면 숙제를 미리 했으니 별다른 양심의 가책 없이 다른 물건들을 사들일 수 있게 되는 거라고요. 이를 위해 슈퍼마켓은 몇 가지 유용한 술수를 부리고, 소소한 깜짝 선물 같은 것도 준비해두곤 하죠. 1960년대에 유행하던 일부 광고 이미지를 본떠서 일종의 '잠재의식'에 호소하는 뭔가를 기획한다, 이런 말이라고요."

그 말에 나는 그런 광고들은 실제로 존재한 적이 없다고 설명해주고 싶었으나, 그런 사실을 알기에는 로라가 너무 젊기 때문에, 도시 전설에 해당되는 그런 이야길랑 나 혼자만 알고 있기로 마음을 바꾸었다.

사실이 그랬다. 그 전설의 전말인즉, 1957년 미국에서였다. 뉴저지에서 만들어진 한 편의 영화 속에 어떤 이미지들이 삽입되었는데, 그 이미지들이 너무도 순식간에 사라지는 바람에 관객들은 그것들을 또렷하게 인식할 여지가 없었다. 그 이미지들은 아마도 "코카콜라를 마시자", "배가 고프다고요? 그러면 팝콘을 먹어야죠"라고 말했다는 것이다. 관객들로 하여금 자기도 모르는 사이에 극장 판매소로 달려가서 그것들을 사도록 만들기 위해서 말이다. 그리고 그 작전은 보기 좋게 성공을 했다는 것이었다! 보도자료에 따르면, 코카콜라와 팝콘의 매출이 각각 18퍼센트와 58퍼센트 증가했다니 말이다.

물론 영화에까지 그런 장면이 삽입될 정도로 돌풍을 일으키던 시대였으므로 이러한 '잠재의식'에 호소하는 광고를 둘러싸고 곧 중대한 윤리 문제가 대두된다. 예를 들어서 〈맨츄리안 캔디데이트The Manchurian Candidate〉[4]같은 영화는 한 인간이 어떻게 세뇌를 통해서 사람들을 마구잡이로 죽이는 살인자로 프로그래밍 되는지 보여준다. 그런데 과연 그런 일이 실제로 있었던가? 회의론자들은 즉각적으로 그런 질문을 제기했다. 실제로 이 잠재의식을 이용한 광고 캠페인의 책임자였던 제임스 비카리James Vicary는 광고의 성과를 평가하기 위해 그 광고를 재현해보라는 요청을 받았으나 성공하지 못했다. 그는 모든 것이 날조된 것이었으며, 자신의 광고회사로 고객들의 시선을 끌기 위한 방편에 불과했노라고 고백했다.

오늘날까지도 잠재의식을 통한 설득이라는 아이디어와 관련한 경험적 증거는 극히 드물다. 그렇다고 해서 '잠재의식을 통한 동기화' 시장이 번성하지 않는 건 물론 아니다.[5] 그러니 나는 그저 입을 꾹 다물고 로라와 더불어 슈퍼마켓 방문이나 계속하는 수밖에.

우리는 더구나 때마침 피를 깨끗이 닦아내고 그것이 죽은 동물의 근육이라는 사실이 너무 선명하게 드러나지 않도록 포장까지 마친(이건 채식주의자인 로라가 즐겨 말하는 방식이다) 고기를 파는 판매대 앞을 지나는 참이었다. 우리는 거기서 조금 전과는 또 다른 맛있는 냄새를 풍기는 빵집 앞을 지나 슈퍼마켓의 상당 부분을 차지하는 널찍한, 그 가짓수도 만만치 않게 많은 여러 통로를 기웃거리며 계속 앞으로 나아간다. 커다란 바구니 때문에 왔던 길을 되돌아가기도 힘이 드니, 일단 어느 통로건 들어섰으면 끝까지 가야 한다. 그러자니 지나가면서 우리

가 예정하지 않았던 물건들을 사게 될 확률이 높아진다.

나는 데이비드 흄의 '뜨뜻미지근한' 회의론을 언급하면서 정통 회의론의 경직성 쪽으로 로라의 관심을 몰아간다. 나는 사실 17세기의 경험주의는 내가 '계몽적'이라고 표현하는 회의론적 관습을 막지 못했다는 사실을 로라에게 상기시키기 위해 흄을 슬쩍 언급한 것이었다! 로라는 나의 지적이 재미난지 장난꾸러기 같은 표정으로 고객을 조종하는 유식한 광고 나라 탐험을 계속하자고 제안한다.

흄과 경험주의자들에게 모든 지식은 궁극적으로 경험과 우리가 조직화한, 그러니까 우리가 찾아낸 일정한 규칙성에 따라 질서 있게 정리한 감각의 자료에서 얻어진다. 가령 불꽃이 열과 결합되어 있다고 해도 그것만으로는 이 지식이 절대적으로 확실한지 증명할 수 없으며, 과거에도 그랬고 미래에도 그럴 것이라는 증거가 되지도 못한다. 이 말을 들은 로라는 깔깔거리면서 인과관계의 개념에 대한 흄의 비판은 유명하다고 설명한다. 그런데 로라가 말하기를, 재미난 건 흄이 요리에 열정을 보였으며 흄 덕분에 '여왕의 수프'가 유명해진 일화가 있다는 것이었다.

나도 지지 않고 한 마디 거든다.

"그러려면 우선 물을 끓이는 데 성공해야겠지!"

"우리라고 왜 성공하지 못하겠어요?" 로라가 되묻는다.

그래서 나는 흄의 말을 인용하면서 나의 논리를 편다.

"요리법을 실천에 옮기려면 일정량의 물을 냄비에 담은 다음 물이

철학자의 식탁

든 냄비를 불 위에 올려놓아야 하고, 그러면 잠시 후 물이 끓어야 하지요. 여기까지는 전혀 놀라울 게 없어요. 하지만 세상 일이 다 그렇듯이, 때로는 겉보기에 가장 단순해보이고 가장 평범해 보이는 사건들이 대단히 심오한 수수께끼를 함축하고 있으며, 생산적인 당혹감을 불러일으키기도 하죠. 당신이 보기에는 무엇이 물을 끓게 하나요?"

"열기요."

"하긴, 실제로 우리에게는 한편으로는 열기, 다른 한편으로는 그로 인한 결과, 즉 비등이라는 현상이 있어요. 경험을 통한 지식은 우리의 감각에서 얻어지며, 우리가 기대하는 것만큼 확실하죠. 우리가 물을 불 위에 얹어놓으면 물은 끓게 될 겁니다. 그런데 흄은 바로 그 대목에서 우리에게 좀 더 잘 관찰하라고 말하죠. 관찰 가능한 것은 어떤 점에서 인과관계 개념에 부응하는 걸까요?"

"그야, 하나의 사건이 다른 사건보다 앞서서 일어나기 때문이죠." 로라가 자명하다는 투로 자신 있게 대답한다. "물은 불 위에 놓여서 데워지고 끓어오르기 전에는 차가워요. 사건들은 인접 관계에 있다고 할 수 있죠. 선행성과 인접 관계는 인과관계 개념의 두 가지 구성 요소라는 말입니다."

다만, 한 가지가 더 있다. 물은 열이 가해지면 끓어야 한다는 사실 말이다. 흄은 인과관계의 이 세 번째 차원을 "두 사건 사이에 필요한 결합"이라고 불렀다. 그리고 그는 결정적인 질문을 던졌다. "거기에 부합하는 무엇이 관찰되었는가?"라고.

"그야, 아무 것도 없죠."

"바로 그거죠." 내가 말한다. "우리는 이런 일이 일어나고, 이어서 저런 일이 일어나는데, 이런 일이 먼저 일어났기 때문에 저런 일이 반드시 일어나야 하는 건 아니라는 것을 관찰하게 되는 거라고요. 우리는 연속을 관찰하긴 하는데, 필요한 결합은 관찰하지 못해요, 다시 말해서 '~하고 나서'는 있는데 '~때문에'는 없다는 말이죠. 이 회의론적인 결론은 완전히 드라마틱하지 않습니까? 같은 원인이 같은 결과를 낳는다거나, 미래는 과거와 닮을 것이라거나, 앞으로 일어날 모든 일들은 우리가 이미 관찰한 무수히 많은 일들과 유사할 것이라고 확신할 수 없다는 것을 함축하고 있으니 말입니다. 그 결과, 철학에서 이러한 결론은 '유추의 문제'라고 불리죠. 우리에게 물이 끓을 거라고 생각하게 하는 건 습관이지, 인과관계가 아닙니다. 이렇게 볼 때 인과관계가 차지하는 자리를 고려한다면, 우리 인간의 모든 지식에는 과오가 있을 수 있다는 결론에 이르게 된다고요."

"그렇다면 더더욱 회의론자가 될 수밖에 없겠군요!" 로라가 나를 약간 작은 통로로 이끌면서 외친다.

마트 안의 몇 가지 트릭

결연해 보이는 로라는 어떤 한 곳을 노려보면서 그쪽을 향해 가더니, 잠시 분한 표정으로 그 자리에 그대로 서 있었다.

"얼마 전까지만 해도 쌀이 여기 있었는데. 이 사람들이 또 상품 배치도를 바꿨나봐!"

"상품 뭐라고요?"

"상품 배치도요. 슈퍼마켓 내 상품의 배열을 명시해놓은 일종의 설계도죠. 하지만 그게 말이죠, 상당히 자주 달라지거든요. 그 이유는 아주 간단해요. 그렇게 되면 고객들은 기존의 쇼핑 습관을 바꾸게 되고, 따라서 매장 안을 여기 저기 돌아다니게 되니까요. 누가 알아요, 그러다가 자기도 모르게 신제품들을 바구니에 주워 담을 수도 있을 테죠. 슈퍼마켓 입장에선 매장 안에서 파는 상품들의 배열이란 아주 중요한 것이거든요. 혹시 벌써 눈치 챘는지 모르겠는데, 예를 들어 매출이 많은 상품이나 이익을 많이 올려주는 상품들은 고객의 눈높이에 맞추어 배치되어 있어요. 그보다 매출이 떨어지는 상품들 또는 이익이 덜한 상품들은 제일 낮은 곳에 배치되고요. 이건 정말이지 굉장한 기술이라고요. 저기 저 밀가루들을 좀 보세요. 대용량은 바닥과 가까운 쪽에 깔아놔서 그걸 집으려면 몸을 깊숙이 숙여야 하잖아요. 또 어린 아이들의 시선을 끌만한 상품들은 당연히 그 아이들의 눈높이에 맞춰서 배열하고요."

직원 한 명이 우리에게 쌀이 있는 곳을 가르쳐준다. 우리가 그곳을 향해 가는 동안 로라가 묻는다.

"혹시 슈퍼마켓에서는 물건 가격이 거의 언제나 .99로 끝난다는 사실을 눈 여겨 봤나요? 그 이유도 알고 있고요?"

"난 그게 계산을 복잡하게 만들기 위해서라고 생각했어요. 게다가 그렇기 때문에 나는 언제나 적혀 있는 단위 가격을 반올림해서 계산하는 경향이 있거든요."

"그것도 부분적으로는 맞는 설명일 테죠. 그런데 거기에는 다른 이유가 더 있어요. 여러 가지 인지 편향들 가운데 '왼쪽 숫자 편향'이라고 불리는 게 있는데, 그게 뭐냐면 가치 평가 기법이죠. 그러니까 우리가 어떤 숫자를 대할 때, 머릿속으로 왼쪽에 적혀 있는 숫자에 필요 이상의 중요성을 부여한다는 거예요. 다른 숫자들은 상대적으로 소홀히 하면서 말이죠. 구체적인 사례를 들어보자면, 가령 7,99$라고 적혀 있으면 우리 머리는 그것이 8,00$보다 훨씬 싸다고 인식한다는 거죠. 중고차 거래에서 주행거리가 7만 9900킬로미터, 혹은 7만 9999킬로미터인 차들이 8만 킬로미터 또는 8만 100킬로미터인 차보다 훨씬 비싼 값에 팔리며, 또 7만 9800킬로미터 또는 7만 9899킬로미터인 차들과의 가격차가 거의 없다는 사실이 입증되기도 했잖아요."

"와아, 가격 표시는 정밀과학이로군요!"

"어느 정도로 정밀한지 보통 사람들은 짐작도 못할 걸요. '닻 내리기'라고 불리는 인지 편향도 밝혀졌죠. 당면한 평가와 아무 관계도 없는 숫자가 있다고 치자고요. 그런데도 사람들은 평가를 할 때 이 관계 없는 숫자 쪽으로 접근하는 양상을 보이거든요. 마치 닻이 있는 쪽으로 끌려가듯이 말이죠."

"로라, 구체적인 예를 들어가면서 설명해주시길 바라요."

"가령, 학생들에게 본인의 건강보험 번호 마지막 두 자리를 기억하게 한 다음, 이 학생들 앞에 포도주 한 병을 놓고 경매를 시작해보자고요. 그러면 학생들은 방금 전에 외운 보험증 번호(또는 번호의 마지막 두 숫자)에 따라서 응찰 가격을 낮게 부르기도 하고 높게 부르기도 한다고요!"

"말도 안 돼. 그렇다면 판매원들에게는 무궁무진한 가능성이 열리는 거로군요, 아닌가요?"

"왜 아니겠어요. 이 실험의 책임 연구원들 가운데 한 명인 심리학자 대니얼 카너먼Daniel Kahneman은 이 연구로 2002년 노벨경제학상까지 받았어요. 이런 사실들은 말이죠, 우리 인간이 완벽하게 이성적인 존재라서 합리적인 선택을 할 수 있는 역량을 갖추었다는 믿음에 대해

1960년대 광고

진지하게 다시 생각해보게 만들죠. 경제 이론들이란 사실 그런 믿음에 토대를 두고 있는데 말이에요. 꼭 원해서 '뜨뜻미지근한 회의론자'가 되는 건 아니라고요!"

"그 인지 편향이란 것에 대해서 말인데요, 우리가 꼭 알아야 할 다른 사례는 없을까요?"

"있고말고요. 소비자가 A와 B라는 상품 중에서 선택을 해야 하는데, 이 소비자는 B를 선호해요. 그런데 이상하게도 사람들은 그 소비자가 A를 더 좋아하도록 만들거든요. 그것도 아주 간단한 방법으로 말이죠. 소비자에게 A와 B라는 선택지 외에 A보다 훨씬 덜 흥미로운 A의 새로운 버전을 소개하는 겁니다. 그러면 그 새로운 버전에 비해서 A가 훨씬 나아보이게 되고, 심지어 B보다 나아보이기도 한다니까요!"

"저기, 미안한데요, 난 뭐가 뭔지 좀 혼란스러워서……."

로라는 늘 지니고 다니는 펜과 수첩을 꺼내 뭔가를 끄적거리더니 나에게 내민다.

'정기 구독'
A. 온라인 구독 1년 : 59$
B. 온라인 구독 + 종이책 1년 : 125$

로라는 이 두 가지 선택지가 주어졌을 때, 68퍼센트는 A를 택한다고 설명한다. 그 나머지는 B를 택한다는 말이다. 그러더니 수첩을 돌려받은 로라는 다른 페이지에 또 뭔가를 적고 나서 다시 나에게 내민다.

'정기 구독'

A. 온라인 구독 1년 : 59$

B. 종이책 구독 1년 : 125$

C. 온라인 구독 + 종이책 구독 1년 : 125$

"《이코노미스트The Economist》지가 이런 식의 구독 신청 제안을 하자 16퍼센트가 A를 택하고 84퍼센트가 B를 택했다더군요."

우리는 이번에는 렌즈콩과 그 외 다른 콩과 식물들이 있는 쪽으로 간다. 로라는 통조림 하나를 집어 거기 적힌 영양 관련 정보들을 살핀 다음 한 마디 덧붙인다.

"이 작고 하얀 직사각형 스티커 하나에 까만 글씨로 적어 놓은 관련 정보들 말인데요, 사실 이런 건 이 슈퍼마켓 안에서 파는 다른 모든 물품들에도 부착되어있죠. 어쩌면 여기 적힌 내용들이 제일 중요할 수도 있으니까요. 그런데 우리는 스티커를 붙이는 것으로 만족하지 말고 거기서 더 나아가야 해요. 사람들에게 이 정보를 읽는 법을 가르쳐줘야 한다고요."

"진실만을 적어놓는다고 확신할 수 있다면, 뭐, 굳이 그렇게까지 할 필요가 있을까요?"

"뭐가 문제인가 하면, 여기 적어놓는 숫자들은 이걸 만든 기업에서 자기들 마음대로 결정한 숫자라는 거죠. 가령 사용 기한 만료일(기업으로서야 이 기간이 구매일로부터 짧으면 짧을수록 이익일 테죠)에서부터 그 나머지 내용에 이르기까지 전부. 캐나다 표준위원회에서 공인하는 쉐르브루크 SM 분석연구소가 슈퍼마켓에서 산 다섯 개 식품의 열량과 지방 함량, 나트륨 함량을 측정한 적이 있어요. 그랬더니 상품에 표시된 내용과 연구소의 분석 내용 사이에 상당한 차이가 있음이 드러낮어요. 아주 심각하게 차이가 나는 경우도 있었고요."[6]

"그 말은 곧 시스템이, 적어도 시스템의 일부에 문제가 있다는 거로군요."

"이건 아주 극단적인 경우였는데, 표시된 대로라면 이만저만한 양의 칼로리와 지방, 나트륨이 들어 있을 것으로 추정되던 피타 빵에 글쎄 실제로는 열량 21퍼센트, 지방 138퍼센트, 나트륨 67퍼센트가 더 들어 있었다지 뭐예요!"

"그렇다면, 자, 그 교육, 시작해보시죠. 이 표, 어떻게 읽는 겁니까?"

"나는, 우선 이것들이 부정확하고 불명확한 숫자들일 수 있음을 염두에 두고서, 제일 먼저 언급된 단위 분량(100그램당, 2분의 1컵당, 비스킷 4개당 등)을 살펴요. 먹을 때도 물론 그걸 잊으면 안 되죠. 간혹 적혀 있는 단위 분량 때문에(예를 들어 251밀리그램당!) 계산이 엄청 복잡해지거나 불가능할 때도 있지만요. 그 다음으로는 열량, 지방 함량, 콜레스테롤 함량, 나트륨 함량 등을 차례로 보는 거예요. 하루 권장 소비량의 5퍼센트를 넘지 않아야 한다고 생각하면서 부지런히 계산을 해야 해요. 그렇지 않으면 어떤 식품들은 이런 면에서 그야말로 끔찍하거든요. 작은 한 조각에 들어 있는 양이 벌써 하루 권장량을 훌쩍 넘겨버리기도 하니까요. 그런 다음에는 섬유질, 칼슘, 철분, 비타민 등의 함량으로 넘어가야죠. 이건 좀 높게 잡아야 해요. 그러니까 하루 권장량의 20퍼센트 정도. 난 '콜레스테롤 함량 제로' 이런 건 경계하는 편이죠. 콜레스테롤이 들어 있지 않다고 광고하는 식품 중에는 콜레스테롤 대신 트랜스지방이 들어 있는 것들도 있거든요. 알다시피 그건 콜레스테롤보다 더 고약하잖아요."

이 대목에서 나는 로라가 정말 대단하다고 인정하고 만다. 로라는 도대체 어디서 그런 걸 다 배웠을까? 진정한 의미의 회의주의가 오늘날에도 여전히 가능할까? 나의 의문에 로라는 회의주의는 오늘날에도, 예를 들어 미국의 《스켑티컬 인콰이어러Skeptical Inquirer》, 《스켑틱 Skeptic》이나 캐나다의 《르 퀘벡 셉틱Le Québec septique》, 프랑스의 《시앙스... & 프쇠도 시앙스Science...& pseudo-sciences》처럼, 수많은 시민단체들이 펴낸 수많은 출판물들 속에 여전히 건재하다고 설명한다. 이 모든 출판물들은 사실 마틴 가드너Martin Gardner에게 많은 걸 빚지고 있다. 그는 벌써 1952년부터 『과학의 이름으로In the Name of Science』라는 제목의 책을 통해서 과학과 합리성의 원천을 그릇되고 비합리적인 믿음을 파헤치는 데 활용하여 비판 정신 함양에 나서자고 주장했다. 그릇되고 비합리적인 믿음은 때로 매우 위험해질 수 있기 때문이었다. 이를 테면 점성학이나 동종 요법(또는 유사 요법), 온갖 형태의 초자연적 현상, 버뮤다 삼각지대, 미확인 비행 물체, 그 외 헤아릴 수 없이 많은 각종 신앙 등은 회의론자들이, 가능하다면 유머를 곁들여, 그들의 지혜를 행사할 수 있는 대상들이다.

계산대 쪽으로 가면서 나는 로라에게 혹시 회의론과 관련해서 통에 담긴 뇌라거나 하는 이야기가 없느냐고 묻는다. 그러자 그녀는 영화 〈매트릭스〉를 예로 든다. 알다시피 〈매트릭스〉는 힐러리 퍼트넘 Hilary Putnam이 1981년에 상상한 이야기에서 영감을 얻어 탄생한 작품이다.

힐러리 퍼트넘

"퍼트넘은 생각이라는 것의 체험을 이런 식으로 소개했어요. 들어보세요. 자, 어떤 사악한 학자가 당신의 뇌를 몸으로부터 분리해서 영양분이 잔뜩 들어 있는 통에 넣는다고 상상해보세요. 슈퍼컴퓨터에 연결된 뉴런의 말단 때문에 당신의 뇌는 모든 것이 완벽하게 정상이라고 믿게 되는 거죠. 그런데 현실에서 당신이 경험하는 모든 것은 전기 자극에 불과할 뿐이죠. 컴퓨터가 어찌나 성능이 좋은지 당신이 손을 들어 올리려고 하면 당신의 뇌는 손이 올라간 것을 정말로 '보고' '느낀다'는 피드백을 주는 거예요. 그뿐 아니라, 사악한 학자는 당신으로 하여금 그 어떤 상황도 진짜 체험하고 있다고 믿게 할 수 있어요. 그는 당신 뇌에서 기억을 지워버릴 수도 있죠. 그렇게 되면 자기는 항상 이런 상황 혹은 저런 상황에 있었다고 믿게 되는 거라고요. 사악한 학자는 또 당신이 앉아서 옛날에 어떤 사악한 학자가 있었는데 그 자는 몸에서 뇌를 분리하여 영양분이 잔뜩 들어 있는 통에 그 뇌를 넣어서 생명을 유지하도록 했다더라 하는 식의 멍청한 이야기가 적혀 있는 책을 읽고 있다고 믿도록 영향력을 행사할 수도 있다니까요…."

"그러니까 이 모든 이야기는 결국 무얼 입증하는 거죠?"

"우리는 아무 것도 확신할 수 없으며, 오직 회의론적 의심만이 용납될 수 있음을 입증하는 걸 테죠."

우리가 쇼핑센터를 나설 무렵 나는 우뚝 걸음을 멈추고서 로라에게 이 모든 의심과 신중함에도 불구하고 어떻게 여전히 뭔가를 먹을 수 있는지 묻는다.

"제대로 잘 먹기 위해서 나는 몇 가지 간단하고 상식적인 원칙을 정해두었어요." 그녀가 빙긋 웃으며 대답한다. "일단 가공식품은 피한다. 짜고, 기름지고, 단 음식은 가급적 먹지 않는다. 식사 시간에만 먹고, 끼니와 끼니 중간에는 아주 조금만, 혹은 최대한 적게 먹는다. 동물성 식품은 먹지 않는데, 그건 어디까지나 윤리적 이유 때문이다. 운동을 하고, 광고는 불신하며, 음모론에 경도될 것까지야 없지만 일부 연구들도 맹목적으로 믿지 않는데, 왜냐하면 이 분야에서 진행되는 연구들이란 대체로 신뢰도가 떨어지거나 별로 중요하지 않기 때문이다.[7] 그리고 그렇게 된 건 두말할 필요 없이 식품 기업들의 입김이 작용하고 있기 때문이다. 마침, 최근에 코카콜라가 글로벌 에너지 밸런스 네트워크Global Energy Balance Network라는 한 비영리단체에 자금을 지원하여 비만 문제에 있어서(그리고 섭생 전반에 있어서) 탄산음료에 들어 있는 당분은 문제되지 않는다는 식의 내용을 홍보하게 했다는 소식을 들었어요.[8] 심지어 요즘 개정판을 낸 『캐나다 섭생 가이드Le Guide Alimentaire Canadien』조차도 여러 면에서 비난받을 여지가 많을 정도니까 말 다했죠. 그 섭생 가이드는 소금, 설탕의 과다 섭취에 대해서는 한 마디 언급도 없고, 인구 고령화 현상이나 외식의 보편화 현상 따위는 전혀 고려하지 않는 공허한 권유 사항들만 늘어놓았더라고요. 트랜스지방이나 인공색소 금지 같은 건 물론 안중에도 없고요. 제일 가관인 건 독립적인 학자들로 필진을 구성하려는 배려조차 하지 않았다는 점이죠. 그러니 올바른 섭생을 위해서 제대로 된 충고를 제시할 리가 만무하겠죠."

우리는 쇼핑센터를 빠져나온다. 밖으로 나오니 너무 더운데, 실내에 있는 동안에는 더위를 짐작조차 하지 못했다. 때문에 나는 앞으로 조금 더, 너무 많이는 말고 아주 조금만 더 회의적 태도를 지녀봐야겠다고 생각한다. 끝도 없이 이어지는 의심에서 벗어나기 위해서라도 그건 필요하지 않을까 싶다. 요컨대, '스토아주의'와 '회의주의'가 적당하게 혼합되었을 때, 나에게 건강한 삶, 건전한 섭생이 보장되지 않겠는가 말이다.

로라와 함께 하는 이번 장章에서, 나는 걱정할 것이라고는 없다.

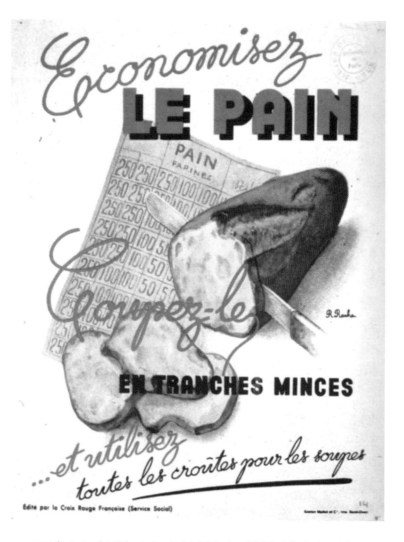

R. 로셰R. Rocher가 구상한 포스터, 1942년경 발행 (프랑스 적십자사, 에메-페트라스 컬렉션)
내용 : 빵을 절약하자, 빵을 얇게 썰자, 그리고 빵 껍질은 모두 수프 끓일 때 활용하자.

주

1. 섹스투스 엠피리쿠스, 『피론주의 철학의 개요』, 파리, 쇠이유 출판사, '푸앵 에세' 총서, 1997년.
2. Ibid.
3. 몽테뉴의 『수상록』 2권, 12장에 등장하는 "레이몽 스봉의 변명Apologie de Raimond Sebond".
4. 존 프랑켄하이머John Frankenheimer 감독의 1962년 작, 상영시간 : 126분.
5. 로버트 토드 캐롤Robert Todd Carroll, 『회의론자의 사전』에 등장하는 표제어 '잠재의식적' 항목. 뉴저지, 존 윌리 앤드 선스 출판사. 2003년, 367~368쪽.
6. 마리 알라르Marie Allard, "믿기 어려운 상표Des étiquettes peu fiables", 《라프레스La Presse》지, 2015년 4월 7일, A2~A3쪽.
7. 레이놀드 스펙터Reynold Spector, "성인의 영양에 관한 연구와 실천에 있어서 과학과 유사과학Science and Pseudoscience in Adult Nutrition Research and Practice", 《스켑티컬 인콰이러》지, 통권 33호, 2009년 5~6월 3호.
8. 아나해드 오코너Anahad O'Connor, "코카콜라가 기금을 대준 과학자들은 비만에 대한 비판을 다른 곳으로 돌려버렸다Coca-cola Fonds Scientists Who Shift Blame for Obesity Away from Bad Diets", 《뉴욕타임스The New York Times》지, 2015년 8월 9일 자. [http://goo.gl/9eh2Ow]

①
초대 손님들 각자가 자신이 어디에서 식품을 구입하는지, 어떤 방식으로 장을 보는지 설명한다. 모두의 이야기를 들은 후 각자 다음 질문에 답한다.
"우리는 합리적인 가격으로 건강한 식생활을 유지할 수 있는가?"

②
'자유로운 선택'이라는 믿음 배후의 유도와 조종. 이 문제에 대해 어떻게 반응해야 할까? 초대 손님 각자가 장을 보는 동안 스스로 어느 정도까지 조종당한다고 느끼는지 평가한다. 어떻게 하면 아무 영향도 받지 않고 자유롭게 쇼핑할 수 있을까?

③
식탁에 둘러앉아서 과연 각자가 완전히 독립적인 상태에서 식품을 선택하는지 혹은 농가공식품 업체나 유행에 휘둘려서 장을 보는지 돌아가면서 이야기해본다. 독자 여러분은 어느 쪽인가?

**이 주제에
관해
읽을 만한 책**

→ 마틴 린드스트롬Martin Lindstrom, 『브
랜드 세탁 : 기업들이 우리 정신을 조종
하고 우리로 하여금 소비하게 만드는
기법Brandwashed : Tricks Compagnies Use
to Manipulate Our Minds and Persuade Us to
Buy』, 뉴욕, 크라운 비즈니스, 2011년.

→ 로버트 치알디니Robert Cialdini, 『설
득의 심리학Influence et manipulation:
comprendre et maîtriser les mécanisme et les
techniques de persuasion』, 파리, 퍼스트 출
판사, 2004년.

→ 제임스 가베이James Garvey 『설득자들
: 당신의 마음을 바꿔 놓으려는 숨은 산
업The Persuaders : The Hidden Industry That
Wants to Change Your Mind』, 런던, 아이
콘 북스, 2016년.

→ 섹스투스 엠피리쿠스Sextus Empiricus,
『피론주의 개요Esquisses pyrrhoniennes』,
파리, 쇠이유 출판사, '푸앵 에세' 총서,
1997년.

→ 노르망 바야르종, 『촘스키처럼
생각하는 법Petit cours d'autodéfense
intellectuelle』, 몬트리올, 룩스 출판사,
2005년. (갈라파고스, 2010년)

6

참선을 위하여
건배

스님처럼
먹고 명상하기

일부 사람들에게 먹고 마신다는 행위는
자신의 욕구를 충족시키면서 동시에 여럿이
함께 어울리는 분위기, 함께여서 느끼는 행복감,
공유하고 교류할 수 있기 때문에 느끼는 행복감과
연결되어 있다. 말하자면 서로 만나서, 즐거움과
사교가 공존하는 가운데 솟아오르는 공통의
심적 고양 속에서 축제를 벌이는 기회인 것이다.
그런가 하면 다른 사람들은 또 식사 시간이 평온함과
재충전의 기회가 될 때에 우리의 건강이 가장 잘
유지될 수 있다는 견해를 제시하기도 한다. 더구나
이를 충분히 만끽하기 위해서 침묵 가운데에서
식사하는 방식을 내세우는 섭생 방식도 있다.
각각 나름대로의 정당성을 지니고 있는 이 두 극단적인
식사 방식 사이에서 어느 하나를 선택하기보다는,
어떤 의미에서는 그 두 가지 면모를 다 품고 있는
선禪철학의 독특한 방식, 즉 다도에 대해서 알아보자.

우리는 많은 일을 하고, 너무 빨리 달리는데도 상황은 어렵기만 하므로, 많은 사람들은 "거기 그렇게 가만 앉아 있지만 말고 뭔가 하라!"고 끊임없이 말한다. 그런데 뭔가를 하게 되면 상황이 더 어려워질 수도 있다. 그러니 차라리 이렇게 말하는 편이 나을 수도 있다. "뭔가 하지 말고 거기 가만 앉아 있으라!"고 말이다. 거기 가만 앉아 있으라. 당신 자신으로 있으라. 그리고 그로부터 출발하라. 명상을 한다는 사실은 바로 이를 의미한다."

—틱낫한(釋一行)

궁극의 식사

1223년, 도겐 기겐道元希玄(1200~1253년)이라고 불리던 젊은 일본 청년(역사는 이 청년을 도겐 선사禪師라고 기록한다)이 선불교에 대해 공부하기 위해 중국에 도착한다.

여행길은 길고도 위험천만이었다. 배는 태풍을 헤치고 항해해야 했으며, 그 와중에 선원들은 해적들과도 맞서 싸워야 했다. 천신만고 끝에 목적지에 도착했으나, 도겐 기겐과 그의 동료들의 고생은 끝나지 않았다. 그들은 중국 당국이 하선을 허락해줄 때까지 배 안에 갇혀 있어야 했다.

하루는 그들이 여전히 뭍에 내려도 좋다는 청신호를 기다리고 있는데 웬 노승이 배에 올라왔다.

노승은 한 도량의 주방장이라고 자신을 소개한다. 그는 도겐에게 당시 관습에 따라 분명 배에 싣고 왔을 그 유명한 표고버섯을 조금 줄

도겐 선사, 승려 데키온 긴가의
그림 (도겐 선불교공동체)

수 있겠느냐고 청한다. 다음날은 마침 봄이 시작된다는 날이니, 우동에 그걸 조금 넣어 스님들에게 대접하겠다는 것이었다.

당연히 도겐은 흔쾌히 그 요청을 받아들인다. 노승이 어찌나 호의적으로 보였던지 그는 저녁식사도 함께 하고, 그날 밤은 배에서 주무시라고까지 배려한다. 푹 쉬고 나면 개운한 몸으로 다음날 다시 긴 여행길에 오를 수 있을 테니 말이다.

하지만 노승은 그의 친절을 완강하게 거부하고 그 즉시 길을 떠나겠노라고 고집을 부린다. 더구나 노승은 자기 아닌 다른 사람이 마련한 식사를 먹으라는 도겐의 제안에 기가 막힌다는 듯 껄껄 웃어버린다. 도무지 이해할 수 없다는 젊은 일본 청년의 표정을 읽은 노승은 선불교에 대해서 그가 아직 이해 못한 것이 많으니 나중에 그들이 자신이 기거하는 도량에 오면 다시 이야기를 나눌 기회가 있을 거라고 대답한다. 그 후 노승은 왔던 길을 되돌아간다. 도겐은 선불교 공동체에서 노승을 다시 만나게 되고, 노승은 그에게 두고두고 강한 인상을 남기게 된다.

일본으로 돌아온 도겐은 조동종曹洞宗이라는 불교의 한 분파를 세운다. 그가 자신의 생각을 널리 알리기 위해 쓴 책들 가운데에는 『선불교 요리사를 위한 지침서典座敎訓, Instructions au cuisinier zen』도 들어 있다. 이 책은 식사 준비보다는 선불교 신자들이 궁극의 식사라고 부르는 것, 즉 자신의 삶을 어떻게 운용하고 어떻게 소비할 것인지와 살면서 지녀야 할 태도 등을 훨씬 더 비중 있게 다룬다.

철학자의 식탁

선 방식으로 먹기

대단히 단순하고 도식적으로 말하자면, 일본식 선불교는 서력기원이 시작될 무렵 인도에서 생겨난 대승불교가 일본에 전파된 후, 거기에서 생겨난 한 분파라고 할 수 있다. 대승불교는 중국에서도 금세 호응을 얻어 4~5세기경에는 한국으로, 이어서 일본으로 전파되어 일본식 선불교가 태어났다. 참고로 선zen의 중국어식 발음은 '찬'이다.

선 사상의 두드러진 특징은 문자 기록의 부재라고 할 수 있다. 물론 몇몇 가르침은 기록으로 남겨져 출판이 되기도 했다. 전통적으로 선 사상은 구전되는데, 그 때문에 중국에서 선 학파를 창시한 인도 출신 승려 보디달마(470~543년경)는 다음과 같이 말했다. "문자의 도움 없이, (다른 것들과는) 다른 가르침, 즉 직접적으로 정신에 와닿는 가르침을 통해서, (선 사상은) 부처의 (다시 말해서 깨달음을 얻은 의식의) 진정한 본성을 드러낼 수 있다."[1] 간단히 말해서, 선 사상은 직접적으로 의식에 도달하려는 것이며, 좀 더 정확하게는 각자 안에 현존하고 있으나 무엇이든 개념화하려 하고 자신을 외부와 분리된 총체로서 독자적인 대상으로 생각하려는 우리의 본성에 가려진 충만한 의식에 이르고자 하려는 것이다. 선 수행이란 자신의 몸짓과 활동, 지향하는 목표를 일치시킴으로써 이원성과 일시적인 선형성을 뛰어넘어 지속적으로 일상적인 행위를 영위하는 상태에 도달하는 것이다. 이는 존재와 우주 사이에 진정한 의미에서의 융합이 있다는 뜻이며, 따라서 식탁에서의 즐거움을 만끽하면서 살기 위해서는 절대로 하찮게 취급되어서는 안 되는 것이다.

선 방식으로 먹기 위해 필요한 것

명상 수행(흔히 좌선이라고 불린다)은 깨달음으로 이끄는 여러 수련 방법 가운데 하나다. 도겐은 이에 대해 매우 독특한 견해를 개진하는데, 그에 따르면 좌선은 본래 추구하는 깨달음으로 수행자를 이끌어간다기보다, 좌선이 전제로 하는 체험 자체에 주의를 기울이게 함으로써 깨달음을 야기한다는 것이다.

일반적으로 우리는 흰 벽을 마주한 상태로 명상을 한다. 여기에 대해서는 보리달마가 최고의 본보기라고 할 수 있는데, 듣자하니 그는 바위 앞에 앉아서 무려 9년 동안이나 깊은 명상을 계속했다는 것이다!

명상 수행 동안에는 엄밀한 의미에서의 명상과 명상을 위한 걷기가 번갈아가며 이어지며, 대체로 세 가지 차원의 조화를 염두에 둔다.

· 몸의 조화. 건강한 섭생과 운동을 통해 단련된 몸은 명상을 위해 가부좌와 반가부좌 자세 중에서 하나를 취한다.
· 호흡의 조화. 명상하는 자는 자신의 들숨과 날숨에 주의를 집중한다.
· 정신의 조화. 명상은 의식적인 정신의 기제를 멈추게 하는 데 그 목적이 있다.

선 사상의 바탕에는 삼라만상은 상호 침투하며 이것들을 분리하기란 불가능하다는 생각이 있으며, 이에 따라 가장 간단한 몸짓 하나도 깨달음이 촉발하는 직관적인 이해와 다르지 않다는 사고방식으로 우리를 인도한다.

철학자의 식탁

선 수행은 전통적으로 면벽 상태에서 진행된다.

선은 이를 위해서 다양한 방식을 독려하며 예술 분야(특히 시와 음악, 회화 등)에 커다란 영향력을 행사하여, 독특한 방식으로 이들 활동을 기획하고 실천에 옮긴다. 서예를 통해 선을 추구하는 필선도는 이렇듯 활쏘기, 또는 세계적으로 널리 알려진 단순하고 정화된 느낌의 정원 건축 등과 마찬가지로 간단한 몸짓에 기울이는 관심의 좋은 예라 할 만하다.

다도

일본 역사에서 다도가 널리 확산된 때는 에도 시대(1603년 무렵~1868년)로, 마침 요리가 점점 세련되게 발달해가던 시기와 일치한다.

다도, 즉 차를 마시는 법은 선 사상이 권유하는 다른 여러 길들처럼 대단히 정형화된 몸짓을 하도록 가르친다. 전통적으로 이 예법은 진정한 하나의 의식으로, 이를 위해서 특별히 마련된 공간, 즉 특별한 자재(종이와 나무)를 사용해서 정확한 넓이(다다미 네 쪽 반, 그러니까 약 9평방미터)로 지어진 정원 내 정자에서 진행된다. 다도는 진행자와 참석자들이 의식에 맞는 복장을 갖추고, 엄격한 규칙에 따른 기구와 도구 일습(이 또한 규범에 맞게 선택된 자재로 제작된다)을 사용할 것을 요구한다. 의식이 진행되는 동안 참석자들은 그림과 서예 작품, 꽃꽂이 등을 감상한다. 장식이라고는 없으나 깊이 있는 간결함이 그 특징인 이 모든 것은 참석자들 각자로 하여금 의식 자체, 그리고 그 의식에 포함되는 것에 집중하도록 하며, 선과 명상이 추구하는 정신 상태에 도달할 수 있는 분위기를 만들어준다.

차를 마시는 세 명의 일본 여인, 스틸프라이드 앤드 앤더슨, 1877년경 (의회도서관)

먼저, 차를 만들고 마시는 데 사용되는 각종 다구와 그릇들의 물기를 정갈하게 닦아낸다. 이처럼 상징적인 정화 과정은 의식에 따른 정형화된 몸짓에 따라 진행되면서 평온하고 집중할 수 있는 분위기를 조성한다. 만반의 준비가 갖추어지면, 참석자들은 하나의 동일한 잔을 이용해서 돌아가면서 차를 마신다. 이때 각자는 옆자리 사람이 입을 댄 곳에 입을 대고 마시는데, 이는 그들을 하나로 묶어주는 관계를 환기시킨다.

선식

일본 요리는 무엇보다도 서양의 영향력으로부터 의식적으로 자기 것을 지키려고 애쓰는 문화적 분위기 속에서 발전해왔다는 점에서 독보적이라 할 만하다.

일본 요리에서 사용되는 재료들은 전혀 이국적이지 않다. 요리 기법 역시 상차림만큼이나 특별히 복잡할 것이라곤 전혀 없다. 그럼에도 일본 요리에서는 세련미가 풍기는데, 이는 단순성과 고유한 엄격함에서 유래하는 것으로, 선 철학을 연상시킨다.

이 요리의 중심 재료는 짐작하다시피 쌀이다. 약간 단맛이 나며 자기들끼리 잘 달라붙는 짧고 통통한 낱알의 쌀은 지금으로부터 약 2,500년쯤 전에 중국과 한국에서 일본으로 전파되었다. 때로는 이 쌀 위에 다른 재료들을 얹기도 한다.

일본인들은 일반적으로 쌀을 끓여서, 소스나 향신료를 더하지 않고 흰쌀 상태로 먹는다. 점성이 좋은 쌀알들 덕분에 이들은 젓가락을

철학자의 식탁

사용해서 이 쌀 요리를 먹을 수 있다. 일본인들은 물론 각자 자기 젓가락을 가지고 있다. 젓가락은 불교와 함께 중국에서 일본으로 전파되었다고 한다.

이따금씩 만들어 먹는 국수를 제외하면, 이들이 밥 외에 쌀을 먹는 방식은 큰 잔치 때 주로 먹는 일종의 쌀 케이크인 찹쌀떡(일본인들은 모찌라고 부른다)과 서양에도 잘 알려진 쌀로 빚은 술 사케, 이렇게 두 가지 뿐이다.

불교의 가르침에 따라 육식과 목축은 일본 역사 상에서 여러 차례에 걸쳐서 반복적으로 금기시되었다. 반면 생선은 널리 애용된다. 때로는 날것 상태로 얇은 조각으로 저며서 그냥 먹기도 한다. 미식가들은 이 생선 조각들을 소금과 식초에 절였다가 먹는 것을 선호한다. 서양 사람들에게도 친숙한 스시는 이러한 관습에서 유래했다고 보면 된다.

그 외 다른 일본 음식과 관련하여 아래에 소개하는 요소들은 꼭 기억해두기 바란다.

· 반찬 또는 각종 생선 육수를 낼 때 사용되는 다양한 해조류
· 단무지
· 호박 요리
· 버섯, 특히 표고버섯
· 찐 풋콩 형태 또는 두부, 된장 등의 형태로 먹는 콩
· 간장과 미림

일본 요리는 또한 다른 어느 나라 요리보다도 음식을 담는 그릇에

흰 무, 19세기 일본 드로잉 (의회도서관)

대단히 신경을 쓴다는 특징을 보인다. 그릇의 크기와 형태, 색상, 음식을 담은 후의 장식과 그릇에 담긴 모든 요소들의 조화는 그러므로 매우 의도적으로 마련된 일종의 미각적이면서 동시에 시각적인 모험인 것이다. 다도에서와 마찬가지로 일본인들은 음식을 통해서 함께 식사하는 자들에게 완전한 미학적 체험을 제공하려고 노력한다.

일식은 맨바닥 혹은 다다미 바닥에 앉아서 먹는데, 이런 자세는 음식을 천천히 먹도록 유도한다. 모든 요리는 순차적으로 나오는 것이 아니라 동시에 서빙되는데, 다도가 진행되는 동안 의식을 주관하는 자가 가이세키라고 부르는 차-정식cha-kaiseki[2]을 내는 방식도 이와 같다.

선승처럼 먹기

식사를 하는 방식에도 분명 선승처럼 먹는 방식이 존재한다. 그러니까 꼭 궁극의 식사가 아니라 일상적인 식사에서도 그렇다는 뜻이다.

우리는 어떤 자리에 함께함을 여러 방식으로 묘사할 수 있는데, 가령 "이 음식은 너무나 맛있어서 나는 지금 이 순간이 영원히 끝나지 않으면 좋겠습니다"라고 말하는 태도와 "이 음식은 너무나 맛있어서 나는 내가 맛보는 지금 이 순간의 그 어느 것 하나도 놓치고 싶지 않습니다"라고 묘사하는 태도 사이에는 아주 미묘하지만 분명 차이가 있다. 현재에 집중하는 후자의 태도는 지금 이 순간을 충만하게 살도록 독려하는 반면, 전자에서는 벌써 어느 정도의 회한이 느껴지기 때문에 지금 이 순간을 전적으로 만끽하는 데 방해가 된다.

오늘날, 모든 종류의 서양적 사고와 관습은 점점 더 선 철학의 요

브라이언 완싱크

소를 받아들이는 경향을 보인다. 우리 시대의 연구자 브라이언 완싱크Brian Wansink의 경우도 여기에 해당된다. 그는 우리 사회에 만연한 비만 현상의 원인 중의 하나로 먹는 행위에 대한 확고한 의식 부재를 꼽을 수 있을 거라고 주장한다. 먹거리가 풍요롭기 때문에 먹는 것에 쉽게 눈길이 가고 쉽게 접근하는 데 비해서, 먹는 행위에 대해서는 별다른 의식이 없다는 것이다.

그는 이와 같은 주장을 다음의 책에서 펼친다. 제목만 보아도 명쾌하다.『생각 없이 먹기 : 우리는 왜 우리가 생각하는 것보다 더 많이 먹는가?Mindless Eating : Why We Eat More Than We Think?』[3] 그는 우리가 소비하는 것에 대해서 잠깐 멈춰 서보라고, 그러기 위해서는 식생활과 관련한 우리의 습관을 빼놓지 말고 소상하게 기록해보라고 제의한다. 누가 준비한 무엇을, 언제, 어디서, 어떻게 먹었는지, 식재료들의 원산지는 어디였으며, 식사 비용은 얼마가 들었는지, 음식의 맛은 어땠는지는 물론, 우리가 씹어 삼킨 것들과 관련하여 그것들이 지닌 영양학적 정보(무게, 열량, 탄수화물 함량, 단백질 함량 등)를 최대한 정확하게 적어보라는 것이다. 그런 다음, 일주일에 한 번씩 지난 7일 동안 우리 몸속으로 들어간 것들의 양적, 질적 합계도 내볼 것을 제안한다.

포도에 관한 명상

우리는 모두 살면서 언젠가는 포도를 먹은 적이 있다. 우리는 모두 포

철학자의 식탁

일본식 극진함의 정석, 차-가이세키

해 뜨는 제국 일본에서 가이세키 요리는 극진함의 완결판이다.

차-가이세키는 다회에 참석한 초대 손님들에게 다도 예식에 앞서 제공하는 가벼운 식사를 가리킨다. 이 우아한 의식이 진행되는 동안 참석자들은 계절에 따라, 지역 특산물에 따라, 하나 같이 섬세하게 준비되어 조금씩 담긴 다양한 종류의 음식을 맛본다. 전통적인 상차림에서는 익히거나 날것 그대로의 생선 요리가 전채로 나오고, 이어서 국, 채소, 찜 요리, 구운 요리 등이 차례로 제공된다. 물론 밥도 빠지지 않는다. 어떤 요리를 내는가는 전적으로 주방장의 마음에 달려 있다. 손님의 접시에는 새싹과 꽃을 곁들인 참치 회가 담길 수도 있는데, 가이세키는 색상과 맛, 질감의 조화를 위해 그 정도로 세심한 주의를 기울여서 준비되며, 결과적으로 그 자체로 예술 작품 같은 상이 차려진다.

상차림에 동원되는 다양한 크기와 형태의 그릇들도 이 의식 전체를 아름답게 만드는 데 기여한다. 다도란 미적인 동시에 미각적인 의식이므로.

존 카밧-진

도를 한 알 또 한 알 깨물었다. 이건 진부하기 짝이 없는 이야기에 불과하다. 그런데 우리는 전에 언젠가 정말로 포도를 먹은 적이 있던가?

이 질문은 뜬금없어 보일 수도 있다. 그렇지만 의과대학 교수로 분자 생물학 전문가인 존 카밧-진Jon Kabat-Zinn은 이 질문을 던진 경험을 되새기면서 이를 마음 챙김mindfulness 명상의 일례로 제시했다.

어떤 의미에서는 존 카밧-진이 창시했다고 할 수 있는 이러한 형태의 명상은 선불교에서 영감을 얻었다. 마음 챙김 명상은 오늘날 전 세계 의사들과 환자들 사이에서 성공적으로 전파되고 교육되고 있다. 카밧-진은 지혜롭게도 명상이 전혀 낯설고 신비스럽거나 밀교적인 것이 아니며, 완전히 정상적이고 누구나 접근할 수 있는 것임을 입증해 보였다. 명상이라는 체험은 각 단계에 집중한다는 원칙에 토대를 두고 있다.

명상을 시작하기 위해 포도 한 송이를 들고서, 새로운 시선으로 그 포도를 구석구석 세심하게 관찰해보자. 마치 생전 처음 보는 물건을 대하듯이. 그러면서 포도의 형태와 질감, 단단한 정도, 빛깔 등을 감상해보자.

"우리는 또한 포도 또는 다른 음식들에 대해 가질 수 있는 모든 생각에 대해서도 의식한다. 우리는 우리가 포도를 관찰하는 동안 떠오를 수 있는 포도를 향한 식욕 또는 거부감 등의 모든 생각과 감각을 전부 점검한다."[4]

그런 다음, 포도를 코 가까이 가져가서 냄새를 맡고, 입으로 가져간다. 이때도 우리 팔의 움직임에 의식을 집중한다. 우리는 우리의 입에 침이 도는 순간을 주의 깊게 관찰한다. 우리의 정신과 몸은 이제 곧 과일을 맛보게 되리라는 기대를 안고서 결합한다. 우리는 입 안에 포도알을 넣고 천천히 이를 씹는 와중에도 이러한 과정을 반복한다. 과일을 삼키고 싶다는 욕망이 느껴질 때 우리는 의식적으로 그 욕망에 투항한다. 이 마지막 단계가 실현되면, 우리는 우리 몸의 무게가 포도한 알로 더 무거워졌음을 또렷하게 느낄 수 있다!

이 체험은 우리에게 "마음 챙김 명상이 의식을 부드럽게 하여, 이렇게 발달한 부드러운 의식은 우리의 주의력이 자연스럽게 각 체험 단계를 따라가도록 도와준다"[5]는 가르침을 준다.

카밧-진에 따르면, 비록 포도를 좋아하지 않는 사람조차도 참가자들은 저마다 긍정적인 체험의 시간이었다는 평가를 내놓았다고 한다! 그런데 중요한 건 그 체험을 통해서 참가자들이 얻은 교훈이다.

> "우리들 가운데에는 정서적 안정감을 얻기 위해 음식을 먹는 사람들이 많으므로(정서적으로 불안하거나 우울할 때면 이러한 경향이 한층 두드러진다), 일상사의 속도를 늦추고 우리의 주의력을 우리가 하는 일에 온전하게 집중하게 만드는 이 소박한 훈련은 음식과 관련하여 우리가 느끼는 충동이 얼마나 강력한 힘을 가지며, 그리고 그 충동을 제어할 수 있는 능력이 우리에게 얼마나 결핍되어 있는지를 보여준다."[6]

달리 표현하면, 이러한 형태의 명상은 우리를 진정한 음미가로 만

들어줌으로써 의심할 여지없이 우리의 복지 진작을 돕는다. 그러니 건
강해지기를 원한다면 선에 입문하자.

철학자의 식탁

당혹스러운 선 수행 관행

선은 일상적인 안일함을 뒤흔들어 전체를 온전하게 보지 못하도록 가로막고 있는 왜곡된 개념화 습관으로부터 정신을 끄집어냄으로써 습득된다. 몇 가지 유명한 간화선을 소개한다.

세상을 에워싸고, 우리를 가두며, 우리가 깨달음(惡)의 순간에 이르지 못하도록 방해하는 이 일종의 개념의 장벽을 부셔야 한다. 그러기 위해서 스승은 제자들에게 역설적인 화두를 주어 명상의 주제로 삼도록 한다. 제자들은 개념적인 성찰을 통해서는 이러한 화두에 대답할 수 없다. 제일 널리 알려진 화두 가운데 하나로는 '한 손만으로 치는 박수 소리는 어떤 소리인가?' 같은 질문을 꼽을 수 있을 것이다.

또 다른 화두 하나. 나무에 기어오르는 남자를 상상해보라. 그 자는 이빨로 나뭇가지에 매달려 있는 상태다. 손으로는 나뭇가지를 잡을 수 없고 발은 나무줄기에 닿지 않는다. 그때 누군가가 그 자에게 묻는다. "보리달마는 왜 서쪽에서 왔을까요?" 나무에 매달린 자가 대답을 하지 않으면 그 행실은 도리에 어긋나는 것이고, 입을 열어 대답을 한다면 그는 나무에서 떨어져 목숨을 잃게 될 것이다. 이런 상황에서 그는 어째야 한단 말인가?

선문답이라는 것도 있는데, 이 또한 섣부른 개념화를 향해 내미는 도전장이라고 할 수 있다. 선문답은 제자의 질문에서 깨달음을 향한 그의 정진에 장애가 될 위험이 있는 일종의 정신적 경직성을 감지한 스승이 이를 극복할 수 있도록 대화를 이끌어가는 방식을 말하는데, 한 가지 예를 소개한다.

젊은 수도승이 조주종심에게 물었다. "불교의 진정한 의미가 뭘까요?" 그러자 조주종심이 그에게 대답했다. "실편백은 안뜰에 있구나."

주

1. 안나 길리온Anna Ghiglione, 『중국에서의 영적 체험 : 지혜, 신비주의, 철학L'expérience religieuse en Chine : sagesse, mysticisme, philosophie』, 몬트리올, 메디아스폴, '노트르탕' 총서, 2009년, 162쪽.

2. 『세계 식문화 백과사전Food Cultures of the World Encyclopedia』, 켄 알발라Ken Albala 지도, 산타 바바라(CA), 그린우드 출판사, 2011년, 총 4권.

3. 브라이언 완싱크, 『생각 없이 먹기 : 우리는 왜 우리가 생각하는 것보다 더 많이 먹는 가?Mindless Eating : Why We Eat More Than We Think?』, 뉴욕, 반탐 북스, 2006년.

4. 존 카밧-진, 『마음챙김 명상과 자기 치유Au coeur de la tourmente, la pleine conscience : le manuel complet de MBSR ou réduction du stress basée sur la mindfulness』, 파리, 제뤼, 2012년, 90쪽.

5. 탄-란 엔고Thanh-Lan Ngô, "마음 챙김과 정신의학Pleine conscience et psychiatrie", 탄-란 엔고와 장 카롱Jean Caron 지도, 《상태망탈 오 퀘벡》지, 통권 38호, 2013년 2호, 11쪽.

6. 존 카밧-진, op.cit., 91쪽.

**식탁에서
나누면 좋을
대화 주제**

①
카밧–진이 제안하는 체험을 시도해보
지 않는다면 두고두고 미련이 남을 것
이다. 하지만, 이 체험에 오락적인 분
위기를 조금 더 가미하기 위해 초대 손
님들에게 각기 다른 과일을 하나 혹은
한 조각씩 나누어 주자. 앞에서 언급한
과정을 하나씩 밟아가며 초대 손님 각
자가 돌아가면서 느끼는 바를 이야기
해보자.

②
초대 손님들에게 각자가 생각하는 가
장 좋은 섭생 방식을 묻는다. 서서 먹
기? 식탁에 앉아서 먹기? 아니면 바닥
에 앉아서 먹기? 독서를 하면서 혹은
음악을 들으면서, 담소를 나누면서, 아
니면 침묵 속에서 먹기? 각자 택한 방
식의 장점과 단점은 무엇인가?

③
선 수행 방식과 마찬가지로, 마음 챙김
은 말로 설명하거나 묘사하기보다는
실천하며 명확해진디. 초대 손님들에
게 침묵 속에서 진행하는 놀이를 제안
해보자. 참석자들 중에서 지원자를 한
명 받는다. 지원자는 다른 이들에게 질
문을 받으면 얼굴 표정만으로 대답해
야 한다. 우선 지원자에게 그날의 주요
리가 담긴 접시를 보여주며 말한다.

– 당신은 지금 무엇을 관찰할 수 있습
니까? (정서적, 인지적, 시각적, 후각
적 등 다양한 관점에서…)
– 마음 챙김을 실천하면서 이 음식을
드십시오.
– 아무런 판단도 하지 말고 음식을 맛
보십시오.
– 어떤 느낌이 듭니까?

폭풍 웃음 보장!

이 주제에
관해
읽을 만한 책

마음의 평안을 맛보기 위해 잊지 말아야 할 책 :
→ 존 카밧-진, 『마음 챙김 명상과 자기 치유Au coeur de la tourmente, la pleine conscience : le manuel complet de MBSR, ou réduction du stress basée sur la mindfulness』, 클로드 마스켄스가 영어를 프랑스어로 번역, 파리, 제뤼 출판사, 2012년.

서양에서 선 사상을 대중화하는 데 크게 기여한, 베스트셀러 반열에 오른 소설 :
→ 로버트 M. 피어시그Robert M. Pirsig 『선과 모터사이클 관리 기술Zen and the Art of Motorcycle maintenance』, 모리스 퐁즈, 앙드레 마이유, 소피 마이유가 영어를 프랑스어로 번역, 파리, 쇠이유 출판사 '푸앵' 총서, 1998년.

선을 서양에 널리 알린 일본 학자의 저서 :

→ 스즈키 다이세츠, 『선에 이르는 길Les chemins du zen』, 파리, 알뱅 미셸 출판사, 1985년
→ 스즈키 다이세츠, 『선불교 산문집 I, II, III Essais sur le bouddhisme zen I, II, III』, 파리, 알뱅 미셸 출판사, 2003년.

선 수행 방식으로 사는 데 필요한 도구와 기술에 대한 안내서 :
→ 에즈라 바야다Ezra Bayda, 『선 수행의 생활화 : 명상을 당신의 일상에 도입하라Vivre le Zen : introduisez la méditation dans votre quotidien』, 파리, 마라부 출판사, 2014년.

쉬운 말로 풀이한 선 사상과 선 수행 :
→ 도겐 기겐, 『몸과 마음으로 선에 이르는 길La Voie du zen : corps et esprit』, 파리, 갈리마르 출판사, '폴리오 사제스' 총서, 2016년.

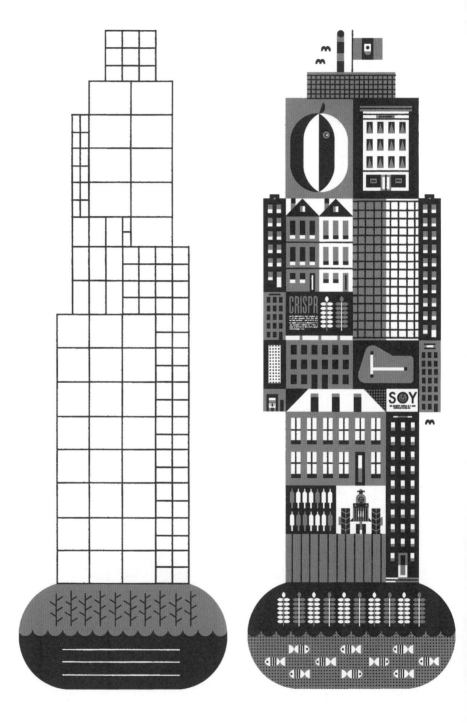

—7—

어떤 식으로
먹고 살게
될까?

내일을 위한
요리법

오늘날, 인구 증가와 그에 따른 환경 오염 악화로,
가까운 미래에 지구가 주민 모두를 먹여 살릴 수
있으리라는 확신을 가질 수 없는 상황이다.
제일 낙관적인 사람들은 인간의 지능이 이 문제를
해결할 수 있으리라고 전망하는 반면,
제일 걱정이 많은 사람들은 기후 온난화 때문에
식량 생산과 관련하여 매우 어두운 미래를 예견한다.
지나친 낙관주의냐 지나친 비관주의냐.
아무튼 앞으로 우리 밥그릇에 무엇이 담기느냐는
거기에 달렸다!
우리는 내기의 승자가 될까 패자가 될까?

"쓰레기통을 냉장고에 비우지 마세요. 그러면 냉장고가 분노할 테니까요. / 바다를 짜증나게 하지 말아요. 거기에 독을 풀지도 말고요. 괜히 성가시게 하면 바다가 복수할 거예요. / 그래도 당신이 계속해서 지구를 우습게 여긴다면, 어느 날 지구가 당신 앞에서 코웃음 칠 테죠."

—자크 프레베르(Jacques Prévert)

1980년 9월 29일. 줄리언 L. 사이먼Julian L. Simon과 파울 R. 에를리히Paul R. Ehrlich는 내기에 합의했는데, 두 사람의 내기는 그 즉시 널리 알려졌다. 어떤 대상이 점점 드물어질수록 그것의 가치는 올라간다는 아주 간단한 아이디어에 착안한 내기였다. 구체적으로 예를 들자면, 밀의 생산량이 줄어들수록 빵의 가격은 비싸진다, 이런 식이다.

자유지상주의에 경도된 경영학 교수인 사이먼은 확고한 '코르누코피아*적cornucopien'1 입장으로 유명한 인물이었다. 알프레드 자리Alfred Jarry(1873~1907년. 프랑스의 시인. 대표작으로는 '위비 왕' 시리즈를 꼽을 수 있으며, 프랑스 초현실주의에 영감을 주었음—옮긴이)에게 어울릴 법한 이 용어는 간단히 말해서, 미래는 인류의 번영에 비례해서 모든 요소들도 지속적으로 진보할 것이라는 확신을 담고 있는 말이다. 이 같은 낙관은 특히 자연적이고 물리적인 자원의 제한에도 개인들이 천재성을 발휘해 국면을 전환하리라는 믿음에 토대를 두고 있다.

* 코르누코피아는 '풍요의 여신 코피아가 지니는 물건'이란 뜻에서 유래한 용어로, 꽃과 잎, 과일을 넘치도록 담던 뿔그릇이다. 이 장에서는 인류의 미래에 대한 낙관적 관점을 대유하는 용어로 등장한다.

한편, 에를리히는 생물학자이자 사회학자, 인구학자다. 사이먼과 내기를 하기 십여 년 전에 그는 신맬서스주의적인[2] 저서 『인구폭탄The Population Bomb(P bomb)』[3]을 출판해서 세상을 떠들썩하게 만들었다. 그 책에서 에를리히는 인구 증가로 말미암아 우리는 위험천만하게도 돌아올 수 없는 지점, 즉 지구의 천연자원이 고갈되고, 따라서 지구가 지구 거주자들을 적절하게 먹여 살릴 수 없게 되는 한계점을 향해 치닫고 있는 중이라고 주장했다.

그는 때가 되면(어쩌면 1970년대부터 이미 시작되었을 수도 있다) 기근으로 인하여 수백만 명의 죽음이 닥칠 것이고, 그 외 전염병, 심각한 사회적 갈등 등이 밀려올 것이라고 예견했다. 오직 즉각적이면서 엄격한 정치적 행동만이 이러한 인구 과잉으로 인한 비극적 결과를 막거나, 최소한 완화시킬 수 있을 것이라고 그는 내다보았던 것이다.

그러니 얼핏 보아도 이 두 사람은 전혀 닮은 점이 없음을, 모든 면에서 반대되는 성격을 지니고 있음을 알 수 있다. 재앙을 예고하고 경고를 외치는 에를리히와 낙천적이고 맹목적인 미래신봉자 사이먼. 어떻게 보면 이 두 사람은 우리 인간이 지닌 두 개의 다른 감수성, 역사를 바라보는 두 개의 각기 다른 철학, 인류의 모험에 의미를 부여하는 두 개의 대조적인 관점을 대표한다고도 할 수 있다.

사이먼은 타고난 낙천주의로 미루어 보아 계몽주의 사상가들과 콩도르세Condorcet(1743~1794년)를 영감의 원천으로 삼고 있는 것으로 보인다. 그는 자연이 제공하는 자원의 풍요로움과 인간의 천재성이 무제한적으로 결합할 수 있다고 믿어 의심치 않는다.

반대로, '장-자크 루소적이고 맬서스적인' 에를리히는 타협할 줄 모르는 염세주의적 태도에 있어서 독보적이다. 그는 이런 면에서 보자

페르네에서의 철학자들의 만찬, 1772년경. 화가 장 위베르Jean Huber는 저녁식사 식탁에 볼테르(한 손을
들고 조용히 하라고 하는 사람)와 디드로(볼테르의 왼쪽), 아담 신부, 콩도르세, 달랑베르, 모리 신부,
그리고 라 아르프가 함께 모인 장면을 상상했다 (볼테르 재단, 옥스퍼드)

면 보수주의자라고 할 수 있다. 에를리히는 맬서스의 이론에 완벽하게 동조한다. 맬서스에 따르면 인류는 폭발적인 인구 팽창으로 말미암아 불가피하게 희귀성의 벽에 부딪칠 수밖에 없다. 이는 바꿔 말하면 물자 부족과 궁핍, 거기에 따르는 재앙적 결과에 도달하게 된다는 뜻이다. 맬서스는 미처 예견하지 못했으나, 거기에 오늘날 우리가 겪고 있는 대기 오염이나 기후 온난화 같은 인재人災를 더한다고 해도 그의 이론을 왜곡하는 건 절대 아니다.

아무튼 이 두 사람은 1980년대에 내기를 하기에 이르렀다. 에를리히는 구리, 크롬, 니켈, 주석, 그리고 텅스텐, 이렇게 다섯 가지 금속을 택했다. 그는 이 다섯 가지 금속이 점점 희귀해지면서 다가올 10년 사이에 가격이 엄청 올라가리라고 장담했다. 반면, 사이먼은 그와 정반대 상황을 주장했다. 판돈이 정해지고, 두 사람은 1990년 9월 29일에 만나기로 약속했다.

그날, 사이먼은 다섯 가지 금속 모두에 대해서 승리를 거두었다. 에를리히는 두 사람이 10년 전에 약정한 금액을 사이먼에게 지불할 수밖에 없었다. 어쨌거나 예측에는 위험이 따르게 마련이다!

한편, 이 다섯 가지 금속에 해당하는 말이면 식량 자원에 대해서도 적용되는 말이라고 보아야 한다. 그런데 이 식량 문제에 대해서는 입가진 사람마다 현저하게 다른 견해를 보인다. 그 차이는, 이를 테면 코르누코피아적 태도와 보수주의적 입장을 양극으로 하는 연속체가 있다고 할 때, 각자의 철학적 감수성과 입장이 이 연속체상에서 어디에 위치하느냐에 따라 엄청나게 벌어질 수 있다.

　　　　　　　　　　　　　철학자의 식탁

콩도르세의 낙관

인간 지성은 진보한다는 쪽에 명운을 건 콩도르세Nicolas de Condorcet는 코르누코피아적인 입장의 선구자들 가운데 하나로 간주될 수 있다. 지치지도 않고 공공 교육의 진흥에 앞장선 그는 『인간 정신의 진보에 관한 역사적 개요Esquisse d'un tableau historique des progrès de l'esprit humain』에서 오늘날까지도 그의 통찰력에 대해 감탄하게 만드는 뛰어난 비전을 보여주었다.

콩도르세

콩도르세는 인간은 새로운 사실들을 접하게 되면 그것들을 분류하고 보다 단순하게 정리하여, 새로운 사실들을 이해하기 쉽게 만들 수 있는 방법을 고민하고, 그것들을 한층 더 잘 관찰하기 위해 점점 더 완성도 높은 도구를 제작한다는 원칙에서 출발한다. 요컨대 인간은 자신의 지력을 이용해서 새로운 지식에 접근할 수 있게 만들며, 이를 위해 보다 복잡하고 정교한 기술을 계속 고안해낸다는 것이다.

> "새로운 조합으로 이끄는 방식이 바닥을 드러내면, 그러니까 그것을 아직 해결되지 않은 문제들에 적용하기 위해서 학자들의 시간 혹은 능력을 넘어서는 작업이 필요하다면, 머지않아 보다 보편적인 방식, 보다 간단한 수단들이 출현하여 천재에게 새로운 장을 열어주게 된다. 인간 두뇌가 지닌 활력과 실제적인 확장성은 이제나 저제나 같을 테지만 그것을 활용한 도구들은 대폭 증가하고, 이 도구들의 완성도 또한 높아질 것이다. 머릿속 생각을 한곳으로 모으고 이를 결정하는

언어 또한 보다 큰 정확성과 보편성을 얻게 될 것이다. 그런데 기계의 경우에는 작동 시 더 큰 힘을 얻으려면 속도를 늦춰야하는 것과는 달리, 새로운 진리를 발견하는 천재성을 인도하는 이 방식은 본래 지닌 힘과 작동 속도까지도 높여준다."[4]

18세기에 이미 발표된 콩도르세의 비전이 오늘날, 컴퓨터의 기술적 역량이 그것을 창안해낸 인간 두뇌의 역량을 훌쩍 뛰어넘은 이 시대에, 얼마나 더 큰 의미로 다가오는지 정말이지 믿기 어려울 정도다!

콩도르세의 비전은 우리가 사는 지구상에서의 미래 식량 문제에 관해서 낙관주의자가 되도록 부추긴다. 적어도 코르누코피아주의자들에 따르면 그렇다는 말이다. 그런 그렇고, 코르누코피아주의자들이라고 해서 인류 전체를 먹여 살린다는 엄청난 도전, 세계 인구의 막강한 성장세가 그 도전을 한층 더 힘들게 만들고 있다는 사실까지 부인하지는 않는다.

콩도르세가 사망할 무렵인 1800년대에 이 지구상에는 약 10억 명가량이 살고 있었음을 상기해보자. 이 숫자가 그로부터 127년 후인 1927년에는 두 배로 증가한다. 또, 그로부터 33년 후인 1960년에는 또다시 10억 명이 늘어난다. 다음으로 다시 10억 명이 늘어나는 데에는 14년이면 족했고, 13년 후에는 10억 명이 또 늘어났다. 그리고 1999년에 다시 10억 명, 2011년에 또 10억 명이 증가했다.

2017년을 기준으로 지구에는 70억 명이 넘는 주민이 살고 있으며, 유엔인구기금은 지구 인구가 100억이 되는 시점을 2083년으로 예측한다. 다시 말해서 2083년은 1800년에 비해 인구가 10배로 늘어나는 해가 될 것이다!

콩도르세의 오믈렛

여러 분야에 걸쳐 박학다식한 인문학자 콩도르세는 남들의 부러움을 살 만한 대단한 경력의 소유자이기도 하다. 그는 사회 변혁을 위해 앞장섰으며, 프랑스 혁명이 일어나자 특히 여성의 권리와 공공 교육, 정치의 영역을 종교와 분리하는 세속주의를 진작시키기 위해 적극적으로 가담했다.

자신의 신념에 충실했던 그는 국민의회Convention(1792~1795년 사이에 프랑스를 통치한 혁명 의회) 의원으로서 루이 16세 처형 여부를 묻는 투표에서 반대표를 던졌으며, 국민들에게 이 의회에 항거할 것을 호소하는 연설문을 작성했다. 때문에 그에게는 배신자라는 낙인이 찍혔다. 그는 도망쳐서 몇 달 동안 호의적인 한 여인의 집에서 숨어 지냈다. 그 집에서 콩도르세는 거의 아무런 참고 자료도 없이 오직 절박함만을 담아 『인간 정신의 진보에 관한 역사적 개요』를 집필했다. 이 책은 두 가지 면에서 그의 유서에 해당된다고 볼 수 있다. 콩도르세 개인의 유작, 그러니까 그의 지식과 기대를 집약적으로 보여주는 책인 동시에 이성과 지식, 관용, 인류애, 교육, 해방과 진보 등 계몽주의 시대를 관통하는 모든 사상과 이상향을 집대성한 결과물인 것이다.

집필을 마치자, 그는 가택수색 등을 염려한 나머지 은신처를 떠난다. 파리에서 점차 멀어져가던 그는 도중에 주막에 잠시 멈춰 선다. 당시는 불신과 의심, 고발의 시대였다. 허름한 길거리 주막에 이 독특한 학자가 들어서자 그곳에 있던 사람들은 놀라움을 감추지 않았다.

그가 오믈렛을 주문했다.

"계란을 몇 개나 넣을까요?" 주인은 의례적으로 물었다.

점잖은 철학자는 두루두루 장점이 많은 인물이었지만 요리에는 문외한이었다.

"열두 개." 그가 되는 대로 대답했다.

주위에 있던 사람들에게는 첫 인상이 주는 의혹을 확인시켜주는 대답이었다. 주막에 있던 사람들은 군인을 불렀고, 그는 어처구니없게도 오믈렛 때문에 체포되어 부르-에갈리테 감옥으로 이송되었다. 이틀 후 콩도르세는 감옥에서 죽은 채로 발견되었다. 자살, 살해, 아니면 뇌혈관 계통 사고…. 여러 추측이 있었지만 그의 사인은 끝내 밝혀지지 않았다.

후세로부터 인정받는 콩도르세

교육과 피임을 통해 인구의 기하급수적인 팽창을 제어할 것을 제안한 콩도르세야말로 인류의 조화로운 발전을 향한 초석을 놓았다고 평가받아 마땅하다. 나아가, 그는 인간이 지닌 과학적 진보 역량을 장담함으로써 그와 같은 발전을 실현하는 데 필요한 기술적 수단의 출현을 앞당겼다. 식량 생산의 급성장이 바로 그 증거다.

다른 많은 사람들과 마찬가지로, 이 책을 읽는 독자들에게도 노먼 볼로그Norman Borlaug라는 이름은 생소하게 들릴 것이다. 하지만 노먼 볼로그는 인류 역사를 통틀어 그 어느 누구보다도 많은 생명을 구한 자로 기억되어야 마땅한 인물이다. 일부에서는 그가 무려 10억 명의 목숨을 구했다고 주장하기도 한다.

볼로그는 이른바 우리가 농업에서 '녹색혁명'이라고 부르는 엄청

철학자의 식탁

열두 개의… 메추리알로 만든 오믈렛

오믈렛을 만들기 위해서는 일반적으로 1인당 계란 두 개 정도가 필요하다. 거기에 약간의 볼륨감과 부드러운 식감을 더하려면 적당량의 우유를 첨가한다. 매주 경기에 나가는 축구 선수라면, 시합에 앞서서 계란 네 개짜리 오믈렛과 푸짐하게 담은 파스타 한 그릇 정도는 먹어줘야 한다. 하지만 축구선수용 오믈렛이라고 해도 콩도르세를 죽음에 이르게 한 거대한 오믈렛과는 상당히 거리가 있다. 그러고 보니 콩도르세에게 죄가 있었다면, 그건 귀족이 식탐을 부렸다는 죄보다는 단 한 번도 제 손으로 오믈렛조차 만들어보지 않았을 정도로 요리에 문외한이었다는 죄가 더 컸다고 봐야 한다! 열두 개의 달걀로 1인분용 오믈렛을 하려면, 닭이 낳은 알이 아니라 메추리가 낳은 알을 사용해야 하지 않을까.

식욕이 왕성한 자를 위해서라면

메추리알 12개
잘게 썬 허브(허브는 취향에 따라 선택한다)
버터 2T
소금과 후추 약간

☆ T : 테이블스푼

메추리알을 깨서 그릇에 담고, 허브를 뿌리고, 소금과 후추로 간을 한 다음 포크로 대충 젓는다. 프라이팬에 버터 한 스푼을 녹이고, 뜨거워진 팬에 그릇에 준비되어 있는 메추리알을 쏟는다. 알이 엉겨 붙기 시작하면 그 부분을 팬의 한가운데로 조심스럽게 가져온다. 팬에 닿는 부분만 살짝 익히거나, 전체적으로 촉촉하고 부드러운 정도로 익히거나, 아니면 완전히 다 익을 때까지 불에 두거나, 취향대로 익힌다. 팬을 기울여 나무주걱을 이용해서 오믈렛을 살살 말아가면서 접시로 옮겨 담는다. 남아 있는 버터 한 스푼을 팬에 얼른 녹인 다음 즉시 오믈렛 위에 붓는다.

난 사건의 아버지라고 할 수 있는 인물이다. 녹색혁명은 1960년대부터 1970년대에 이르는 시기에 새로운 역량을 가진 다양한 품종을 탄생시킴으로써 곡물 생산을 획기적으로 증대시킨 현상을 일컫는 표현이다. 녹색혁명 덕분에 생산성이 놀랍도록 향상되었으며, 기아와 이로 인한 사망률이 획기적으로 저하되었다. 이런 현상은 특히 인도와 파키스탄에서 두드러졌다.

인류 전체가 충분히 먹고 살 수 있는 방편을 연구하는 일에 뛰어든 볼로그는 조너선 스위프트Jonathan Swift(1667~1745년)가 쓴 글을 인용함으로써 콩도르세의 견해가 옳았음을 인정했다.

조너선 스위프트

"… 누구든 예전에는 밀 한 포기, 풀 한 줌만 자라던 곳에 두 포기, 두 줌을 자라게 한 사람이라면 그는 인류에 지대한 공헌을 한 것이며, 계파를 막론하고 정치인 종족 모두를 다 합한 것보다 나라에 훨씬 더 큰 공을 세웠다 할 것이다."[5]

1970년 12월 10일, 노먼 볼로그는 노벨평화상을 수상했다.

코르누코피아주의자들은 지구촌 주민들을 먹여 살리는 크나큰 도전에 직면해서, 비교적 합리적인 토대 위에서 과학과 기술의 발전이 새로운 해결책을 제시해줄 수 있다고 믿는 것 같아 보인다. 비록 그 해결책이 어떤 형태로 제시될지에 대해서는 미리 예견하기 어렵지만 말이다. 아무튼 나노 기술과 유전자 공학은 인류가 진보와 식량 안보라는 길을 향해 순탄하게 나갈 것으로 예상하게 해주는 것이 사실이다.

철학자의 식탁

소일렌트Soylent : 마시면서 먹기

'소일렌트'라는 단어는 1973년에 개봉한 공상과학 영화 〈소일렌트 그린Soylent Green〉에서 등장인물들이 먹는 것에 착안해서 선택되었다는 허황된 소문이 끈질기게 나돌았다. 이 영화가 묘사하고 있는 디스토피아에서, 우리 후손들은 거의 황무지가 되어버린 행성에서 살면서 '녹색 태양', 즉 소일렌트라는 다국적기업이 가축 역할을 하는 인간들을 원료로 만들어서 판매하는 식품을 먹으며 연명한다.

현재 시장에서 판매 중인 소일렌트는 1966년 해리 해리슨Harry Harrison이 발표한 공상과학소설 『비켜! 비켜!Make room! Make room!』에서 따온 말로, 콩을 뜻하는 Soya(또는 Soja)와 렌즈콩을 뜻하는 Lentilles 두 단어를 결합시킨 일종의 혼성어다.

2013년 롭 라인하트Rob Rhinehart가 개발한 소일렌트는 액체 또는 물에 타서 먹는 분말 형태로 판매된다. 소일렌트 측은 하루 4잔이면 평균적인 성인 한 명이 매일 필요로 하는 모든 영양분을 섭취하는 데 충분하며(영양 과잉 염려 따위는 할 필요가 없다), 따라서 균형 잡힌 식단으로서 전혀 손색이 없다고 장담한다.

소일렌트 제품은 이제 캐나다에서도 구입 가능하다. 평균적인 성인 한 명이 매일 필요로 하는 영양분을 섭취하기 위해서 하루 12달러의 비용만 투자하면 된다. 입맛까지 충족시킬 수 있는지는 다른 문제다. 이 제품에 관해서는 의견이 분분한데, 아주 훌륭하다는 평에서부터 형편없다는 평까지, 그 편차가 매우 크다.

개인 투자자들이 추렴해서 세운 회사 소일렌트는 이제 거대 기업으로 성장했다.

'녹색혁명'의 아버지 노먼 볼로그
(CIMMYT)

유전자변형 농산물(GMO)에 대해 두려움을 가진 사람들이 있다면, 세계보건기구가 2005년에 펴낸 보고서가 도움이 될 것이다. 그 보고서는 "GMO는 인간의 건강과 관련하여, 유전자변형이 일어나기 전 전통적인 형태의 농산물들이 인간에게 해를 입힌 것과는 또 다른 종류의 해를 더 입히는 것 같지는 않다"[6]고 평가하고 있다.

실제로, 기술은 우리에게 유전자가 변형된 먹거리를 제공하고 있고, 최근 들어서는 유전자 공학의 혁명적인 도구인 CRISPR-Cas9(흔히 유전자 가위라고 부르는 기술—옮긴이)이 출현함에 따라 이러한 추세가 한층 더 가속화될 것이 확실시되고 있다. 그러니 만큼 예상하지 못했던 방향으로 나아갈 가능성 또한 배제할 수 없다.

CRISPR-Cas9을 활용하면 쉽고 신속하고 싼 값으로 동식물 세포의 유전 정보(게놈)를 변형할 수 있다. 따라서 이 도구는 우리가 워드 프로세서를 이용해 바꾸어야 할 문장과 삭제할 문장, 교체할 문장을 쉽게 찾아내 실수 없이 바로잡듯이, 유전자 영역에서 수정 기제로 작용할 수 있다.

그렇게 되면 이제껏 꿈도 꿀 수 없었던 엄청난 혁신이 가능해지며, 이는 곧 이전보다 훨씬 놀랍고 어마어마한 파급력을 가진 새로운 '녹색혁명'으로 이어지게 될 것이다.

철학자의 식탁

알맞게 익힌 시험관 햄버거 주세요

식물을 자라나게 하는 것처럼 고기도 무럭무럭 '자라나게' 한다는 건 얼핏 보기에 황당한 것 같지만 이는 실제로 가능하며, 그것도 제법 오래 전부터 알려져 있는 사실이다. 이미 여러 해 전부터 세계 많은 나라에서 적지 않은 연구진이 이 프로젝트에 직간접적으로 매달리고 있다.

아니, 사실 매달리고 있다는 표현 정도로는 부족한 감이 있다. 2013년 8월 5일 런던, 언론의 집중적인 관심을 받은 한 기자회견장에서는 온전히 실험실에서 제조된 고기로 만든 패티를 넣은 최초의 햄버거 요리가 시연되었고, 요리 시연 후에는 시식도 이어졌다. 소의 줄기세포로부터 만들어진 최초의 '시험관' 햄버거를 먹는 영예는(이것도 영예라고 할 수 있다면!) 두 명의 음식 평론가에게 돌아갔다. 두 사람은 시식한 햄버거를 칭찬해 마지않았다.

이 기자회견장에서 선보인 것과 같은 시험관 인조고기의 생산에는 수많은 기술적 난관이 따르나, 그 난관들은 변형되지 않은 고기, 그러니까 우리가 잘 알고 있는 스테이크용 고기를 생산하는 어려움에 비해서 훨씬 쉽게 극복할 수 있다. 다가오는 미래의 어느 날엔가 우리는 이 인조고기를 꽤 괜찮은 가격에 판매할 수 있게 되기를 기대한다(무게 142그램짜리 최초의 시험관 버거를 만드는 데에는 무려 34만 5천 달러가 들었다!). 인조고기 지지자들에 따르면, 이날의 쾌거가 촉발한 잠재적 이익은 어마어마하다고 한다. 특히 생태적, 경제적, 윤리적인 면에서의 이익은 엄청날 것으로 보인다.

상당히 설득력 있다고
볼만한 사실과 데이터

르셉틱LeSceptique이라고 이름 붙인 자신의 블로그LeSceptique.ca에 대니 플러프Dany Plouffe는 섭생과 관련한 우리의 선택이 환경에 미치는 영향에 대해서 꽤 긴 글을 게시했다. 그 글의 마지막 부분에서 그가 덧붙인 '반드시 새겨두어야 할 정보'를 여기 아래에 요약해서 소개한다.

· 동물이 채소를 먹을 경우, 동물이 삼킨 영양분의 상당 부분은 상실되며 그 동물을 재료로 하여 만드는 식품 속에는 거의 들어 있지 않다.

· 이렇게 사라진 영양 성분의 양은 물론 생산된 육류 식품의 종류에 따라 다르다. 단백질의 경우만 놓고 볼 때, 상실률이 가장 낮은 것부터 높은 것 순서로 열거하자면, 우유(60퍼센트), 달걀(70퍼센트), 닭고기(75퍼센트), 돼지고기(87퍼센트), 쇠고기(95퍼센트) 순이다.

· 육류 식품 생산이 농업 분야에서 가장 넓은 면적을 필요로 하는 것도 그런 이유 때문이다. 농지의 75퍼센트가 고기를 생산하기 위해 이용되는 형편인데, 고기는 세계적으로 전체 열량의 8퍼센트, 단백질 필요량의 17.7퍼센트만 담당한다. 이처럼 참담한 현실을 방치할 경우, 동물을 주원료로 하는 식품, 특히 육류 생산은 세계의 생물 다양성 상실의 주원인이라는 비난을 면치 못할 것이다.

· 그러므로 비옥한 토지에서 거두어들인 수확물을 동물의 사료로 활용하는 것은 영양분을 만들어내기에는 아주 비효율적인 방법이다. 이는 채소 재배만 놓고 보더라도 부수적으로 환경에 가해지는 영향을 증폭시킨다(보다 많은 살충제 사용, 보다 많은 비료 사용, 그에 따른 토양 품질 저하, 보다 많은 벌목으로 인한 숲 감소, 보다 많은 온실가스 배출 등).

· 비옥한 땅을 목초지로 활용하는 것 또한 점점 더 많은 공간을 잠식해나가는 결과를

초래하므로 농업체제와 생태계에 점점 더 큰 압력으로 작용하게 된다.

· 보다 효과적인 방식으로 동물성 식품을 생산할 수도 있다. 음식물 쓰레기로 동물들을 기르거나 혹은 경작할 수 없는 땅을 목초지로 활용함으로써 토지를 비집약적으로 활용한다면 얼마든지 가능하다. 그러나 이 경우 생산량은 현재의 생산량에 비해 훨씬 줄어들 것이다.

· 일반적으로, 동물성 식품이 아닌 채소를 선택하거나 아니면 적어도 육류 소비(특히 붉은 살코기)를 줄이는 편이 환경에 미치는 부정적인 영향을 획기적으로 줄일 수 있다.

출처 : 대니 플러프, "고기와 채소 : 우리가 선택한 섭생방식이 환경에 미치는 영향 이해하기|Viandes et végétaux : comprendre les impacts environnementaux de nos choix alimentaires". LeSceptique.ca.1er décembre2015.[lesceptique.ca/2015/12/01/viande-et-vegetaux/#informations_a_retenir].

미래에는 과연 누가 누구를 먹게 될 것인가?

정말 낙천적인 사람들은 우리가 포스트휴먼 시대로 접어들게 되기를 간절히 열망한다. 포스트휴먼 시대는 기술적 특이점Technological singularity[7]에 의해 시작되고 있으며, 본격적으로 그 시대에 돌입하면, 글자 그대로, 모든 것이 가능해진다. 여기서 특이점이란 인간 두뇌가 지닌 지능의 수준에 도달한 인공지능(AI)이 곧 이를 뛰어넘게 되는 순간을 가리킨다. 1950년에 벌써 존 폰 노이만John von Neumann이 예감한 이 특이점은 1965년 영국 출신 통계학자 어빙 존 굿Irving John Good이 쓴 「최초의 매우 똑똑한 기계에 관한 몇몇 생각들Speculations Concerning the First Ultraintelligent Machine」이란 제목의 논문을 통해서 소개되었다.

> "매우 똑똑한 기계가 있어서 그 기계에 대해 다음과 같은 정의를 내려 보자. 이 기계는 아마도 모든 지적 활동에 있어서 제일 똑똑한 인간을 넘어서는 기계가 될 것이다. 기계를 구상하는 것도 이러한 지적 활동들 가운데 하나이므로, 매우 똑똑한 기계는 인간보다 더 나은 기계를 구상할 수 있을 것이다. 그렇게 되면 '지능의 폭발'을 피할 수 없게 되고, 인간의 지능은 빠른 시일 내에 뒤처지게 될 것이다. 최초의 매우 똑똑한 기계는 그러므로 인간이 만들어내게 될 최후의 발명품인 것이다."[8]

이러한 가설은 언제부턴가 철학, 생물학, 정보학 등에서 매우 진지하게 다루어지고 있을 뿐 아니라, 구글, 애플은 물론, 당연하게도 실리콘 밸리에 세워진 싱귤래리티(특이점) 대학교Singularity University에서도 이 문제에 관심을 집중하고 있다.

특이점 분야의 챔피언은 단연 발명가 레이 커즈와일Ray Kurzweil이다. 커즈와일 덕분에 우리는 다른 무엇보다도 우선 커즈와일 독서 기계를 가질 수 있게 되었다. 이 기계는 시각장애인들이 글을 읽을 수 있게 도와주는 기계로, 스티비 원더가 제일 처음 생산된 이 기계의 주인이 되었다. 커즈와일은 2045년쯤에 특이점에 도달할 것으로 전망한다. 그가 그렇게 전망하는 데에는 특히 이제까지 신기하게도 잘 들어맞아온 그 유명한 무어의 법칙에 따른 계산이 근거로 작용한다. 무어의 법칙이란 18개월마다 컴퓨터의 역량이 두 배로 확대됨을 예견하는 법칙이다. 커즈와일은 이 예상을 전적으로 확신하기 때문에, 그때까지 자신이 살아 있을 확률을 높이고자 매일 250개나 되는 알약(특히 비타민)을 삼켜가면서 버틴다. 참고로 그는 1948년에 태어났다!

식량 문제가 그때까지는 해결되리라는 건, 비록 아무도 어떻게 해서 그리 될지 그 방법까지 정확하게 알지는 못한다고 하더라도, 두말할 필요도 없다.

보수주의자들의 걱정

그러나 코르누코피아주의자들의 논리에 대한 사람들의 반응은 찬성 일색과는 거리가 멀다. 이들의 논리는 오히려 보수주의자들의 반대 논리를 촉발하고 있으며, 이들의 반대 논리는 크게 세 가지 단계로 나누어 생각할 수 있다.

우선, 보수주의는 코르누코피아주의가 식품 생산 문제가 함축하고 있는 시스템 공학적인 특성을 간과하고 있음에 주목해야 한다고 주장한다. 실제로, 식량 생산 문제는 다른 많은 변수 및 요인들과 상호작용 관계에 놓여 있으며, 그렇기 때문에 간혹 전혀 생각조차 하지 못했던 결과가 나타나곤 한다. 온갖 이유(종자 품질과 기술력의 향상, 비료나 제초제, 살충제의 사용 등) 때문에 농토의 생산성은 계속 높아졌고, 따라서 보다 적은 면적에서 보다 많은 농산물 생산이 가능해졌다. 하지만 이와 같은 성장에는 생태적 비용이 따른다. 북아메리카 지역의 식생활에 동조하는 인구가 점점 더 많아지는 가운데, 토양 성분의 변화, 온실가스 배출량 증가, 물과 석유 소비 증가 등을 초래하기 때문이다. 북아메리카 스타일의 식생활이란 무엇보다도 육류 대량 소비를 그 특징으로 하는데, 육류 생산을 위해서는 점점 더 많은 콩과 식물이 필요하게 될 것이고, 이는 토지와 물, 석유 가격 등에서의 인플레이션으로 이어질 것이다. 식습관을 바꾸지 않는 한, 우리는 머지않아 성장 한계점에 도달할 것이며, 기후 온난화는 이미 우리에게 이를 경고하고 있다.

그뿐 아니라 보수주의자들은 경제적, 정치적, 사회적 불평등이 한정된 자원을 제어하기 위해 골 깊은 갈등과 전쟁을 야기함으로써 이러한 상황을 한층 더 악화시키는 요인으로 작용한다고 주장한다. 이들이 말하는 각종 불평등은 이들의 적수들(그러니까 코르누코피아주의자들)에게는 일종의 맹점이다. 이들에게 있어서 각자 자신의 이익을 좇아 행동하도록 부추기는 자유 시장 논리에 따른 결과는 그 자체로 최적인 것으로 간주되기 때문이다.

경제자유주의의 아버지로 추앙받는 애덤 스미스가 자유 시장의 장점을 설파하기 위해 식량 분야에서 사례를 제시했다는 사실은 가볍게 넘어갈 일이 아니다. "우리가 우리의 저녁식사에서 기대하는 것은

철학자의 식탁

정육점 주인이나 맥주집 주인, 빵집 주인의 호의가 아니라 그들이 자신들의 이익을 위해서 기울이는 노력이다. 우리는 그들의 인류애가 아닌 이기주의를 상대하는 것이다.[9]" 코르누코피아주의자들이 애덤 스미스의 이 말에 환호할 때, 보수주의자들은 이들에게 애덤 스미스의 시대는 이제 막을 내렸으며, 그 옛날 동네 빵집 주인에게 통하던 것이 오늘날 네슬레를 비롯한 다른 거대 다국적기업들(필멸의 존재인 자연인 빵집 주인과 달리 불멸의 법인 지위를 가진 기업들)에도 통한다고 생각할 근거가 전혀 없음을 상기시킬 것이다.

마지막으로, 보수주의자들은 시장이라는 기제와 관련하여 이미 널리 알려진 취약점과 불완전성을 부각시키는 논거를 댄다. 가장 대표적인 논리로는 부정적 외부 효과negative externality, 즉 두 당사자 사이의 계약으로 제3자에게 손해를 초래하는 경우를 들 수 있다. 환경 오염은 부정적 외부 효과의 좋은 예다. 우리는 인간에 의한 기후 온난화를 가장 심각한 부정적 외부 효과로 평가할 수 있다.

물질이 있으라, 그러자 분자요리가 생겨났다

화학자이자 뛰어난 요리사인 에르베 티스Hervé This는 일반적으로 니콜라스 쿠르티Nicholas Kurti와 더불어 1988년에 오늘날 우리가 '분자요리cuisine moléculaire(정작 당사자인 두 사람은 이를 '분자미식학gastronomie moléculaire et physique'이라고 명명했다고 한다)'라고 부르는 것을 발명한 것으로 알려져 있다. 화학과 요리의 경계에서 두 사람은 요리를 통해 물질이 변하는 기제를 연구하여, 그 결과를 미식으로 승화시켰다.

신선식품을 통조림 안에. 인류가 직면한 식량 문제에 산업화는 답이 될 것인가?
뉴욕에서 발행되는 잡지《퍽Puck》(1906년 7월호)에 실린 일러스트레이션 (미국 의회도서관)

1994년에 발표한 한 논문에서 두 사람은 티스가 최초로 '분자 차원의 요리'라고 명명한 것을 시도한다. 티스에 따르면 분자요리는 음식의 미래이며 그것으로 이 세계의 기아 문제도 해결할 수 있다.

주어진 어떤 음식의 화학적 구성 요소들과 그것들 각각의 역할을 설명한 뒤, 티스와 쿠르티는 "언젠가 요리법에서 '준비된 육수에 벤질 메르캅탄 0.001퍼센트 용액 두 방울을 순수 알코올에 섞어서 떨어뜨린다'는 글귀를 읽게 되면 무척이나 기쁘겠다"[10]고 고백한다.

따지고 보면 분자요리는 똑같은 질감과 맛, 색상을 지녔으면서 그것을 먹는 자들에게 똑같은 느낌을 자아내기 위해 동물 혹은 식물의 조직이 아닌 화학적 요소를 요리에 첨가하는 요리법으로 정의될 수 있다. 그렇기 때문에 분자요리에서는 통상적으로 사용하는 의미에서의 식품의 조리는 잠시 제쳐두고 그보다는 그 식품의 구성 요소들의 새로운 배합에 주의를 기울인다. 티스는 이러한 요리법이 자원(특히 물)을 아낄 수 있을 거라고 예견하면서, 그런 식으로 확산되어나가면 결국 세계의 식량 문제도 해결하게 되리라고 내다보았다.

승자일까 패자일까?

에를리히의 암울한 예언은 실현되지 않았다고 하나, 그럼에도 그가 완전히 패배했다고 인정하기는 어렵다.

사실 사람들은 두 사람의 내기가 20세기의 매 10년마다 진행되었다면 에를리히가 더

파울 에를리히

자주 이겼을 거라고 계산했다. 또, 내기에서 명시한 기간이 1980년부터 10년이 아니라 30년이었더라면, 그 때도 역시 승자는 에를리히가 되었을 것이었다.

따라서 이 이야기의 교훈은 '식량의 미래는 어떻게 될 것이며, 앞으로 50년 후 우리는 어느 지점에 도달해 있을 것인가?'라는 질문으로 요약된다. 내기는 아직도 진행형이다.

주

1. 영어로는 cornucopian. 이 단어는 '풍요의 뿔'을 뜻하는 라틴어 표현 cornu copiae에서 유래했다.

2. 토마스 맬서스가 정립한 맬서스주의는 성적 충동 억제를 통해서 출생을 제한하는 데 역점을 둔다. 맬서스주의는 인구가 그 인구를 먹일 식량보다 훨씬 빨리 증가한다는 원리에 대한 반작용에서 출발한다.

3. 파울 R. 에를리히Paul R. Ehrlich, 『인구폭탄 : 서기 2천 년의 지구 인구는 70억』, 파리, 제뤼, 1973년.

4. 마리 장 앙투안 니콜라 드 카리타, 콩도르세 후작, 『인간 정신의 진보에 관한 역사적 개요』의 「열번 째 시대 : 인간 정신의 미래의 진보Dixième époque : Des progrès futurs de l'esprit humain」, 파리, 아가스, 1794년. [classiques.uqac.ca/classiques/condorcet/esquisse_tableau_progres_hum/esquisse.html]

5. 조너선 스위프트, 『걸리버 여행기Les voyages de Gulliver』, 기욤 빌뇌브가 영어를 프랑스어로 번역, 파리, 플라마리옹, 'GF' 총서, 2014년, 200쪽.

6. 세계보건기구, 「현대의 식품 생명공학과 건강, 성장 : 구체적인 사례 중심 연구 Biotechnologie alimentaire moderne, santé, développement : étude à partir d'exemples concrets」, 제네바, 세계보건기구, 2005년 [www.who.int/foodsafety/publications/biotech/biotech_fr.pdf]

7. '기술적 특이점'이라는 용어는 그것을 특징짓는 변수들이 무한해지기 때문에 더 이상 어떤 사물을 묘사할 수 없는 시점을 의미한다. 실제로, 이는 엄밀한 의미에서의 특이성과 반대되면서 동시에 같은 뜻을 지닌다고 할 수 있는데, 왜냐하면 특이성이란 본래 '개별적이면서 전문적이고' '기준을 벗어나는 것'을 동시에 의미하기 때문이다.

8. 어빙 존 굿의 『컴퓨터들의 전진Advances in Computers』에 수록된 「최초의 매우 똑똑한 기계에 관한 몇몇 생각들」, 프란츠 L. 알트Franz L. Alt와 모리스 루비노프Morris Rubinoff 지도, 뉴욕, 아카데미 프레스, 1965년, 33쪽.

9. 애덤 스미스, 『국부론』, 런던, W. 스트래안 앤드 T.카델, 1776년 [classiques.uqac.ca/jclassiques/Smith_adam/richesse_des_nations/livre_1/richesse_des_nations_1.pdf]

10. 에르베 티스와 니콜라스 쿠르티, 「주방의 화학과 물리학Chemistry and Physics in the Kitchen」, 《사이언티픽 아메리칸Scientific American》지, 통권 270호, 1994년 4월 4호, 71쪽.

①

세계의 기아 문제는 여전히 당면한 현실이고 유전자 변형 농산물GMO이 그 문제를 공략할 수 있는 하나의 방도임을 확실히 인식하며, 아울러 그 GMO는 다국적 기업이 배타적으로 소유권을 가지고 있고, 그 기업들은 이익을 추구하고 그 이익을 방어하는 것을 목표로 한다는 사실을 이해한다고 할 때, 여러분 각자는 GMO에 찬성하는가, 반대하는가? 식탁을 둘러싸고 고성이 오가는 설전이 예상되지 않는가!

②

초대 손님들에게 각자 자신의 식생활을 묘사하도록 청한다(이때, 거짓말을 해서는 안 된다!) 일주일에 몇 번이나 붉은 살코기를 먹는지? 생선은 얼마나 자주 먹는지? 붉은 살코기 섭취를 단념할 의사가 있는지? 만일 그렇다면 무엇으로 그것을 대체하려 하는지?

③
곤충을 먹는 데 대해서는 찬성인가, 반대인가? 초대 손님들과 곤충 식용 재배 문제에 대해 찬반 토론을 진행해보라. 찬성 쪽 논거는 www.mangeons-des-insectes.com/pourquoi-manger-des-insectes에서 찾아볼 수 있다.

찬성 논거 :
– 풍부한 단백질
– 곤충의 식용 재배는 환경에 미치는 영향이 미미함
– 뛰어난 효율 : 사료 10킬로그램이면 식용 곤충 9킬로그램을 얻을 수 있다. 소의 경우에는, 사료 10킬로그램으로 얻을 수 있는 쇠고기가 1킬로그램에 불과하다

반대 쪽 논거는 www.lemonde.fr/planete/article/2015/04/09/que-risque-t-on-a-manger-des-insectes_4613087_3244.html에서 찾아볼 수 있다.

반대 논거 :
– 화학적 위험(곤충의 독, 살충제, 기생충, 바이러스, 박테리아 등)
– 알레르기(진드기나 조개 등에 들어 있는 미오신 또는 키틴)
– 재배 환경 관련 규제가 아직 모호한 상태임

④
제일 좋은 섭생 방식에 관해 토론해보자. 가령, 지구상에서 가장 바람직한 식생활을 하는 곳은 어디인가? 또 그 반대는 어디인가?

빌 앤 멜린다 게이츠 재단에서 기금을 받아 진행한 연구 「1990년과 2010년에 전 세계 187개국의 남녀를 대상으로 실시한 다이어트 퀄리티 체계적 조사 평가Dietary quality among men and women in 187 countries in 1990 and 2010 : a systematic assessment」의 결과를 참조하라. 《랜셋The Lancet》지, 2015년 3월, 3호, 3권.
[www.thelancet.com/pdfs/journals/langlo/PIIS2214-109X(14)70381-X.pdf]

이 주제에 관해 읽을 만한 책

→ 아르튀르 르 켄Arthur Le Caisne, 『요리는 화학이기도 하다 : 상세하게 파헤친 70가지 요리 만드는 법과 절대 망치지 않는 성공 비법La cuisine, c'est aussi de la chimie : 70 recettes décryptées et tous les secrets pour les réussir à coup sûr』, 파리, 아셰트 프라틱 출판사, 2013년.

→ 안 카조르Anne Cazor와 크리스틴 리에나르Christine Liénard, 『분자요리법 소고 : 이해를 돕는 20가지 기술, 실전을 위한 40가지 요리Petit précis de cuisine moléculaire : 20 techniques pour comprendre, 40 recettes pour tester』, 파리, 마라부 출판사, 2008년.

→ 에르베 티스, 『분자 미식학 강습 1강 : 과학, 기술, 요리 기술. 이 요소들은 어떤 관계인가?Cours de gastronomie moléculaire n°1 : science, technologie, technique......culinaires : quelles relations?』, 파리, 블랭 출판사, 2009년.

→ 에르베 티스, 『분자 미식학 강습 2강 : 요리에서의 정밀성Cours de gastronomie moléculaire n°2 : les précisions culinaires』, 파리, 블랭 출판사, 2010년.

→ 폴 사뱅Paul Sabin, 『내기 : 폴 에를리히, 줄리언 사이먼, 그리고 지구의 미래에 대한 우리의 도박The Bet : Paul Ehrlich, Julian Simon, and Our Gamble over Earth's Future』, 뉴 헤븐(CT), 예일 대학교 출판부, 2015년.

—8—

요리는
예술일까?

맛에 대해서,
적어도
토론은 해볼 수 있다

블레즈 파스칼Blaise Pascal(1623~1662년)은 그의 유고 수상집
『팡세Pensées』에서 "피레네 산맥 안쪽은 진리, 그 너머는 오류"라고
적었다. 이 말은 지도라는 은유를 통해
상대주의를 슬쩍 건드리면서 추정일 뿐인 확실성과
우리가 쉽게 장담하는 자칭 보편성에 대한 경계심을 일깨운다.
이곳에서 인정받는다고 해서 저곳에서도 반드시
인정받으리라는 법은 없으며, 이러한 상대성은 오늘날
특히 맛과 관련해서 판단을 내려야 할 때
자주 언급되는 것으로 보인다.
흔히 '미학적 상대주의'라는 표현은 바로 이런 경우를 일컫는다.
그럼에도 많은 철학자들이, 가령 주어진 하나의 예술 작품
혹은 다른 분야의 예술에 있어서의 미학적 판단은
그 판단들이 교육의 기초 위에서 성립된 것이라면 어느 한 곳으로
집중되는 경향을 보인다는 입장을 지지함으로써, 이러한 경향은 상
대적이고 표면적일 뿐임을 밝혀내고자 다양한 시도를 계속해왔다.
그런데 우리는 요리에 대해 언급할 때, 자주 그것이
예술인 양 말한다. 그런데 정말 요리는 무얼까?
요리는 정말 예술이라고 할 수 있을까?
맛에 대한 판단은 과연 교육을 통해서 확고하게 성립될 수 있을까?
우리는 혹시 (이따금씩) 음식을 먹으면서 예술적 체험을 하는 걸까?

"모든 예술 작품은 수수께끼로 남아 있다, 심지어 그 작품의 작가에게도 그렇다."

—유리 마믈레예프(Iouri Mamleïev)

하나의 질문 속에 숨어있는 두 개의 또 다른 질문!

이 장에서 제기하는 질문에 대해서 더러는 자신 있게 그렇다고 대답할 것이다. 그러기 위해서 그들은 아마도 유명한 셰프들은 자주 예술가로 소개되며, 더구나 그들이 빚어낸 창작물은 예술 작품으로 여겨진다는 사실을 상기시킬 것이다. 그뿐 아니라 요리에 대해서 언급할 때면 예술과 미학 분야에서 사용되는 어휘들이 자주 등장한다는 점도 지적할 것이다.

막 나온 요리에 대해서 우리는 그것이 아름답거나 균형 잡혔다고 말하며, 그 다음에 나온 요리에 대해서는 마치 한 편의 시 같다고 하거나, 색채나 맛의 교향곡이라는 표현을 하는 것도 서슴지 않는다. 식사 내내 제공되는 와인과 음식의 조화를 칭찬하면서, 솔직히 요리는 눈으로 먼저 먹는다는 말도 있다고, 다시 말해서 접시를 일단 감상해야 한다고 맞장구를 치기도 할 것이다. 더구나 아예 일상에서 대놓고 사용하는 '요리 예술'이라는 표현에 어찌 주목하지 않을 수 있단 말인가?

그러나 우리는 더 이상의 정당한 설득 논리를 동반하지 않는 그 정도의 대답만으로는 만족할 수 없다.

우선, 그러한 대답은 우리가 예술적 언어의 존재를 근거로 예술이 존재함을 결론지음으로써 확립하고자 하는 것을 전제로 한다. 이러한 관행은 기만적인 은유에 불과할 확률이 매우 높다. 그뿐 아니라, 이 문제에 대한 결정을 내리기에 앞서, 과연 예술이란 무엇인지에 대한 합의를 도출해낼 필요가 있다. 또한, 이처럼 신속하고 손쉬운 답변을 통해서 우리는 우리의 질문이 두 개의 각기 다른 문제를 제기한다는 사실을 간과하게 된다.

첫 번째 문제는 요리에서의 창작이 (이 단어에 대해 흔히 부여하는 여러 의미들 가운데 하나의 의미로서) 예술 작품인지 여부를 가리는 것으로, 이는 예술이 무엇인지에 대한 정의가 있다는 전제하에서만 대답이 가능하다.

두 번째 문제는 요리를 소비하는 자의 체험이, 부분적으로 혹은 총체적으로, 그리고 적어도 몇몇 상황에 있어서는, 미학적 체험으로 묘사될 수 있는지에 대해 자문해보는 일이다.

나는 이 두 문제를 차례대로 들여다보려 한다.

첫 번째 질문, 요리 예술이라고 하는 것은 과연 존재하는가?

독자들은 놀라지 마시라. 플라톤 역시 이 문제에 대해 성찰한 바 있으며, 그는 마땅히 그래야 했겠지만, 예술이 무엇인지 그 개념에서부터 출발해서 성찰을 밀고 나갔다.

결론부터 말하자면 그의 대답은 '아니다'였다. 요리는 예술이 아니라는 것이다. 그에게 요리는 예술이 아닐 뿐 아니라 그보다도 훨씬 못한 것이었다. 잘 알려졌다시피 플라톤은 예술에 대해 매우 부정적인 입장을 취한 철학자였으므로, 그런 그가 요리를 예술보다 못한 것이라

고 평가했다면 그 평가는 얼마나 가혹한 것이
었겠는가!

플라톤

그가 어떤 과정을 밟아서 그와 같은 결론
에 도달했는지 살펴보자.

독자들은 분명 동굴의 비유라는 플라톤의
유명한 글(철학의 역사에서, 아니 더 나아가 사상
의 역사에서 가장 널리 알려진 글들 가운데 하나)을 기억할 것이다.

플라톤은 우리에게 어두운 동굴 깊숙한 곳에 묶여 있는 인간들을
상상해보라고 말한다. 이 사람들은 동굴 벽에 비친 그림자를 실재라고
간주한다. 그 그림자들은 실제로는 벽의 다른 쪽에 있는 짐꾼들이 옮
기는 물건들의 그림자(벽의 다른 쪽에는 짐꾼들뿐만 아니라 불빛이 있어서
이 그림자들을 만들어낸다)에 불과한데 말이다.

플라톤은 우리를 동굴 속에 갇힌 포로들과 동일시한다. 우리가 여
론과 무지라는 어둠 속에 갇힌 존재들이라는 것이다.

그런데 우리 가운데 어느 하나가 사슬을 끊고 동굴을 벗어난다. 이
탈출을 우리는 교육이라고 부른다. 동굴 밖 세상으로 나가는 것은 집
단 의견과 굳어진 습관에서 벗어나야 하는 고통, 사회적 협약이라는
손쉬운 체제 순응과 결별할 것을 요구하는 엄격한 훈련을 의미한다.

이토록 힘든 모험을 감행하는 자는 제일 먼저 자신과 동료들의 오
류를 깨닫는다. 그들이 실재라고 여겼던 그림자들은 사실 실재가 아니
다. 벽과 짐꾼들, 불빛의 존재가 이를 여실히 설명해준다. 하지만 이것
들은 아직 현실이 아니다. 현실에 도달하기 위해서, 우리의 탈출자는
환한 빛 속으로, 눈부신 햇살 속으로 걸어 들어가야 한다.

거기에서 그의 시선은 차츰 진정한 빛에 익숙해지게 되고, 물체의

베르툼누스Vertumnus, 주세페 아르침볼도Giuseppe Arcimboldo의 그림, 1590년

그림자 또는 그것이 수면에 반사되는 광경 등을 관찰하고 난 다음에 비로소 물체 자체를 볼 줄 알게 된다. 나무며 새 등, 요컨대 실제로 존재하는 모든 것을 보고난 연후 태양을, 그러니까 실재의 조건이며, 실재하는 것이 무엇인지 알 수 있게 해주는 존재인 태양을 관조하게 된다. 플라톤은 태양을 선과 동일시하여 묘사하면서, 무지로부터의 탈출과 지식으로의 접근이라는 이중적 가치를 갖는 움직임으로서의 교육은 곧 도덕에도 이르게 하는 과정이 아니겠느냐고 제안한다.

동굴의 비유는 결국 교육이 무엇인지에 대한 설명은 물론 '이상주의'라고 불리는 플라톤의 인식론까지도 이해하게 해주는, 무한히 가지를 쳐나갈 수 있는 우화라고 할 수 있다.

동굴은 우리의 오감을 통해서 접근할 수 있는 감각의 세계를 상징한다. 그 세계는 벽에 비친 그림자들처럼 변화무쌍하고 불안정하며, 우리는 그 세계가 실제로는 어떤지 알지 못한다. 그 세계에 관해서는, 다양하지만 별다른 가치는 없는 여론만 존재한다. 한편, 동굴 밖 세상은 이데아의 세계, 항구적이고 부동적인 세계. 동굴 벽에 비친 그림자들은 이데아의 희미하고 불완전한 복사본에 불과하다. 이데아만이 진정한 인식의 대상이다.

우리는 플라톤이 특별히 애착을 갖고 있으며 그가 이상주의 이론을 가다듬는 데 본보기 역할을 해준 분야, 즉 수학(플라톤이 세운 학교 '아카데미아'로 들어가는 입구 문 위에는 '기하학자가 아닌 사람은 들어오지 마시오'라고 새겨져 있었다)을 예로 들어가면서 그가 주장하는 내용을 이해할 수 있다.

우리가 원의 면적 계산법을 배우려 한다고 가정해보자. 이를 돕기 위해서 일단 원을 그리고, 지름이며 반지름, 원주 따위를 보여줄 수 있다. 그런데 이 원은 아무리 정성을 기울여서 그렸다고 해도 부정확하며, 원의 순수한 이데아의 불완전한 재현에 불과하다. 원의 순수한 이데아는 분명 존재하며, 우리가 원을 공부할 때에는 그것에 집중해야 한다.

플라톤의 설명을 보다 잘 이해하기 위해 또 다른 예를 들어보자. 원에 있어서 지름과 원주의 관계, 즉 원주율인 파이는 무리수로, 소수점 이하로 무한히(무한이라는 말조차 이미 하나의 이데아이며, 이는 절대 구체적인 물체가 아니다) 계속된다. 자, 이제 우리가 파이의 소수점 아래 n번째 숫자까지 안다고 가정해보자. 그런데 내일이면 바로 그 다음 숫자를 발견하게 되고, 그 숫자는 3이다. 이 3이라는 숫자는 난데없이 발명된 것이 아니라고, 어떤 의미에서 그 숫자는 언제부턴가 내내 이데아의 하늘에서 우리를 기다리고 있었다고 플라톤은 말할 것이다. 더구나 앞에서 우리는 분명 발견되었다고 말했다!

플라톤은 어떻게 해서 인식과 관련한 이러한 전제로부터 예술을 생각하게 됐을까?

모방mimesis으로서의 예술

플라톤은 예술을 모방, 즉 흉내 내서 재현하는 것이라고 정의했다. 그는 이러한 정의를 통해서 특히 예술의 두 가지 양상에 주목하게 만든다.

첫 번째는 예술이 흉내 내기라는 점이다. 우리는 기꺼이 한 편의 연극이나 영화, 또는 한 폭의 회화는 인간의 삶의 특정 순간을 재생산하며, 한 편의 시는 특정 순간에 느낀 감정에 이름을 붙여주고 이를 겉으로 드러낸다고 말할 것이다. 그리고 그런 의미에서 예술은 인간의 삶을, 인간의 감정을 재현하며, 이를 흉내 내는 것이라고 말할 수 있다.

　두 번째 양상은 이 재현이라는 것은 결국 기만이라는 점이다. 재현은 이데아의 실재가 아니며, 감각 세계의 실재조차도 되지 못한다. 예술은 단순히 복사본의 복사, 즉 모조, 시뮬라크르simulacre일 따름이다. 예술은 진정한 지식에 토대를 두고 있지 않으며, 진정한 지식을 창출해내지도 않는다. 그렇기 때문에 역사상 가장 위대한 철학자들 가운데 한 사람이자, 자신의 생각을 전개하기 위해서 뛰어난 글 솜씨를 발휘할 수 있는 작가(동굴의 비유에서도 볼 수 있듯이, 이는 아주 강력한 의미를 지닌 이야기, 어떤 의미에서는 문학작품이라고 할 만한 이야기다)이기도 한 인물이 이렇듯 예술에 가차 없는 혹평을 내리는 것이다. 자신의 주장을 굽힐 마음이 없는 플라톤은 한 걸음 더 나아가 예술과 시인을 검열해야 한다고 말한다. 매력적이지만 기만적인 그들의 창작 활동이 대중을 진실과 멀어지게 하기 때문이다.

　그의 이러한 태도는 뜻밖이어서 놀라울 수 있겠으나, 가령 부모가 자식들에게 어떤 종류의 내용(비디오 게임 등)에는 접근하지 못하도록 통제한다는 사실을 생각해보면, 그리고 그들이 그렇게 하는 건 어떤 의미에서 플라톤과 같은 이유 때문임을 고려하면, 어느 정도 이해할 수 있다. 몇몇 공연에 관람객의 나이 제한을 둔다거나, 일부 사람들이 예술 창작을 통해서 세계관을 정립(구체적으로 어떤 작품인지는 독자들 상상에 맡긴다)하는 것을 두고 못마땅해하는 일도 역시 같은 이유로 정당화된다.

플라톤식 요리 예술 비판

플라톤의 입장은 음식을 섭취하는 행위를 중요하지 않은 활동으로 치부하는 것과는 거리가 멀다. 오히려 그 반대다. 그의 저술 속에는 요리와 관계된 은유가 풍성하며, 섭생과 음식 준비에 관한 언급도 자주 등장한다.

예를 들어 『국가』(동굴의 비유에 관한 대화도 여기에서 발췌했다)의 경우, 그는 한 집단이 음식을 섭취하는 방식에 대해 길게 이야기하면서, 고기에 대한 욕심을 경계시킨다. 대규모 육류 소비를 충족시키기 위해서는 광대한 초지가 필요할 뿐 아니라, 그러다 보면 땅을 차지하기 위해 전쟁이 일어날 수도 있기 때문이다. 그는 또한 그들의 교육, 즉 그들의 신체와 영혼을 보살피는 데에도 많은 관심을 기울였던 것과 마찬가지로, 수호자와 철학자들의 섭생 문제에도 공을 들인다.

하지만 요리 자체는 비판의 대상이 되는데, 왜냐하면 요리라고 하는 것이 지식, 즉 생명체에게 자양분이 되는 배움에 토대를 둔 활동이 아니기 때문이다. 비교하자면, 가령 의술은 지식에 토대를 둔 활동이다. 의사는 환자의 몸에 대해 일정 수준의 지식을 지니고 있으며, 환자의 건강을 유지하거나 회복시키기 위해 그가 가진 지식을 활용할 수 있다. 치료제는 꼭 기분 좋은 것이 아니더라도 환자에게 처방되는데, 이는 의사가 알고 있는 것에 근거하여 그 치료제가 기대하는 치료 효과를 가져다줄 수 있을 거라고 생각하기 때문이다.

그런데 플라톤이 보기에 요리사에게는 이러한 지식이 없으며, 그는 그가 제안하는 음식의 효과 따위는 고려하지 않으면서 그저 먹는 사람의 마음에 들려고만 한다. 이런 의미에서 몸과 관련하여 요리사와 의사의 관계는, 정신 또는 영혼과 관련하여 궤변가, 수사학자와 철학자 혹은 진정한 현자의 관계와 같다고 하겠다. 플라톤은 『고르기아스』에서 이렇게 말한다. "그러므로, 내가 거듭 말하지만, 요리술이라는 아첨은 의술 뒤에 꼭꼭 숨어 있다."[1]

의사는 환자에게 어떤 치료법을 제안하고, 경우에 따라서는 이를 위해 오래 지속하기 힘들고 삼키기 괴로운 섭생 방식까지 처방할 수도 있다. 하지만 의사가 내린 이 괴로운 처방은 아마도 환자를 낫게 할 수 있을 것이다. 반면, 요리사는 그 환자가 사족을 못 쓰는, 그렇지만 그의 몸에는 나쁜 케이크를 만들어서 잠시 동안이나마 환자가 처한 상황을 잊게 만든다. 플라톤이 보기에 요리는 예술이라는 이름조차 과분한 일종의 꼼수에 불과하다. 요리는 아무 것도 모방하지 않기 때문이다. 한편, 의술에 관해 말하자면, 그것을 그저 단순한 기술 이상으로 여기고 싶을 경우, 그리고 그것이 자연이 건강을 보장해줄 때의 상태를 모방하고자 함을 인정한다면, 거기에 예술이라는 명칭을 부여할 수도 있다.

오늘날까지도 여전히 음식과 섭생에 관해 떠돌고 있는 온갖 헛소리들을 생각한다면, 플라톤이 옳았음을 인정할 수밖에 없다.

그러나 말이 나온 김에, 플라톤이 준엄하면서도 매몰차게 언급한 두 가지 양상은 우리가 기꺼이 '예술', '요리 예술'이라고 이해하는 것과는 상당히 거리가 있다는 사실을 짚고 넘어갈 필요가 있다.

오늘날 우리는 구상적이지 않은 것, 진정한 의미에서 무언가를 모방하지 않은 생산물에 대해서도 예술 작품이라고 인정한다. 추상 미술이나 음악(적어도 몇몇 음악), 건축 등에 대해서 우리는 실재를 복제하라고 요구하지 않는다. 그렇지 않다면 사진만이 최고의 예술 표현으로 추앙받아야 할 것이다.

그러므로 예술에 대해 보다 덜 제한적인 정의를 내릴 경우, 요리 또한 거기에 포함될 수 있을 것이다.

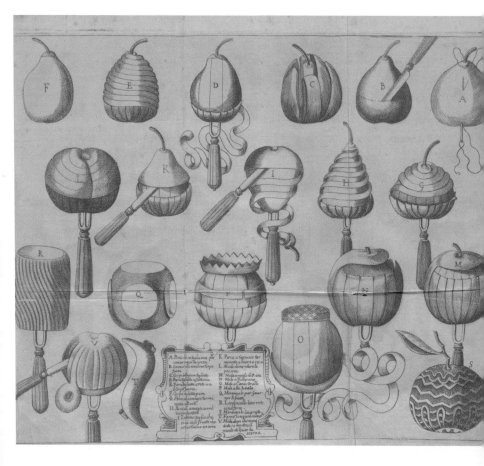

과일로 조각하는 기술, 1694년 나폴리에서 발행된 책에 삽입된 판화 (런던의 웰컴 도서관)

플라톤이 말한 두 번째 양상이 지금의 현실과는 맞지 않는다는 점에서, 그러니까 그가 예술을 평가함에 있어서 '실재(에 대한 인식)'에 너무도 높은 비중을 두는 기준을 적용한다는 점이 지금 우리에겐 그다지 중요하지 않기 때문에, 요리가 예술인가를 생각하는 문제는 플라톤과는 다른 기준이 필요하다. 사실 우리는 어떻게 보면 예술가라고도 할 수 있는 요리사에게 의학이나 생물학을 반드시 알아야 한다고 요구하지 않으며, 보기에 '아름다우면' 금상첨화인 그저 좋은 음식, 의사나 화학자의 지식만큼 깊이 있고 폭넓은 지식까지는 아니더라도 어느 정도의 지식에 근거해서 준비된 음식을 창조해줄 것을 요구할 뿐이니 말이다.

그리고 철학에서 정립한 예술에 관한 다양한 개념들 속에는, 우리로 하여금 모든 것을 고려해볼 때 요리 또한 진정으로 예술의 한 형태라고 확신하게 만드는 이론이 존재하는 것이 사실이다.

예술에서 요리 예술로

레프 톨스토이Lev Nikolayevich Tolstoy가 제안한 표현주의적 예술 개념은 그 권위를 인정받고 있다. 톨스토이에 따르면 예술은 외부 세계의 재현이라기보다, 물론 얼핏 보기에는 그런 느낌이 들긴 하지만, 아무튼 예술가의 내면세계, 즉 그의 독자성, 그만의 개인적인 비전 등의 표현이다. 이러한 표현은 타인에게 전달되며, 그 타인은 적어도 이따금씩 이를 이해하고, 심지어 거기에 동화되기도 하며, 그를 통해서 자기 자신을 이해하기에 이르기도 한다.

그러기 위해서 예술가는 지식과 기술을 배우고 익혀서 이를 완벽하게 제어할 수 있을 때까지 가다듬는다. 그렇게 되고 나면 그 지식과 기술을 통해서 또는 그것들이 제공하는 진보를 통해서 무언가 이상적으로 새롭고, 이제껏 아무도 이야기한 적이 없는 것, 곧 예술가 자신의 주관에서 유래하는 것을 들려주려고 노력한다.

이러한 관점에서 본다면, 요리를 예술로, 요리사를 예술가로 간주하는 것은 지당한 일이다. 확실히, 많은 요리사들이 그저 다른 사람들이 구상한 작품들을 재현하는 것으로 만족한다. 그들은 스스로 진정한 예술가라고 자처할 마음 따위는 없이 거장들의 작품을 베끼는 일요화가들과 비슷하다. 하지만 진정한 셰프는 비전을 가지고 작품을 창작하며, 그러기 위해서 지식을 동원하고(예를 들어 식품 화학), 기술을 터득하여 상상력과 대범함을 보여주며 식품과 요리, 먹는다는 행위에 대한 자신만의 개념을 드러내 보인다.

이러한 특성을 수용할 수 있다면, 페란 아드리아Ferran Adrià, 그랜트 애커츠Grant Achatz, 미셸 브라Michel Bras, 토머스 켈러Thomas Keller 같은 셰프들은 정말로 예술을 구현하는 진정한 예술가들이라고 말하고 싶어진다. 세계에서 제일가는, 아니 적어도 제일가는 요리사들 가운데 한 명으로 인정받는 페란 아드리아가 운영하는 카탈루냐 지방의 엘불리 레스토랑에 가보면 여러분들도 방금 내가 한 말에 쉽게 설득당할 것이다.[2] 이 식당은 "250만 건의 예약이 쇄도하는 가운데 2만 명의 손님(하루 저녁에 50명을 받을 수 있는데, 이들에게 식사를 내기 위해서는 45명의 요리사와 22명의 홀 종업원이 필요하다)을 받았다"고, 철학자 이브 미쇼Yves Michaud는 「예술의 의미」라는 그의 논문에서 밝혔다. 그는 이 논문에서 이 레스토랑을 방문했을 때 자신이 겪은 '미학적 체험'에 대해 칭찬을 아끼지 않았다.

"메뉴에 적힌 대로 마흔여덟 가지의 음식이 나오는 네 시간 동안, 음식의 비물질적인 요소, 순수한 정수, 극도로 완성된 엑기스가 분위기를 지배한다. 라비올리와 가느다란 막대빵grissino, 와플 등의 속에 갇혀 있는 냄새와 향기들은 당장이라도 날아갈 듯 기회만 엿보면서, 가령 한 장의 장미 꽃잎 속에 들어 있는 이베리코 하몽 젤리를 발견할 때, 또는 4월의 흰 젤리가 마늘을 곁들인 아몬드 수프(아호 블랑코ajo blanco)라는 걸 알아차리는 순간에 폭발하듯 터져 나온다. 몇 번씩이나 종업원들은 가져온 음식을 즉시 맛보라고 권유한다. 그만큼 조심스럽게 준비된 요리이기 때문이다. 그러한 요리를 완성시키기 위해 사용된 맛과 향은 우리가 일상에서 늘 접하는 식재료들인 카탈루냐 검은 소시지, 완두콩, 파마산 치즈, 엔다이브, 개암, 대구 등에서 얻어진 것으로, 그 평범한 것들을 풍미의 정점까지 극도로 몰아붙인 결과라는 사실은 아이러니(자신의 시대에 충실했던 화가들이 예술의 역사 속에서 언급될 때 느껴지는 아이러니와 같은 종류)가 아닐 수 없다. 물론 송로버섯이니 거위간이니 하는 예외적인 재료들도 사용되고 있으나, 이것들 역시 정수만 뽑아낸 상태다. … 페란 아드리아의 레스토랑에서는, 마치 미술작품을 전시하는 화랑에서처럼, 오로지 맹목적인 탐구 과정에서 얻어진 몇몇 특질과 감각을 최고조로 끌어올리려는 미학적 체험을 하게 된다. 이러한 '음식'의 기반은 극도로 비물질적이라, 일종의 부형제賦形劑라 할 수 있으며, 그 위에 더할 나위 없이 섬세하고 날아가기 쉬운 특질이 사뿐히 얹었다. 손님들 앞에 놓인 찻주전자 속에서 은은한 향을 퍼뜨리는 훈제 참치와 해초 차, 그리고 에스프레소 커피와 비슷한, 커피와 토끼고기가 혼합된 토끼 고기 스튜 카푸치노 등은 내가 언어로 묘사할 수 있는 수준을 넘어선다. 기상천외, 명인의 경지, 과도함, 궤도 이탈, 맹목적성. 이야말로 예술의 구성 요소가 아니던가."[3]

그럼에도 철학 전통의 미학적 접근은 여기서 묘사된 표현주의적 지지 입장을 거부하는 경향을 보인다. 철학 전통의 시각으로 보자면, 셰프의 창작품을 경험하는 행위는 결국 감각에 호소하는 것인데, 우리의 오감은 예술적 창조물을 지속시킬 수도, 미학적인 경험을 촉발할 수도 없기 때문이다.

섬세한 요리의 요람인 로마

고대 로마인들은 부자건 가난뱅이건 매우 검소하게도, 정교하게 가다듬어지지 않은 소박한 음식을 먹었다. 그런데 제국이 확대되면서 이들은 사치와 세련미가 지배하는 문화와 접촉하게 된다. 식생활 분야라고 해서 예외는 아니었다.

이렇게 해서 공화정 시대부터 차츰차츰 아시아의 향신료들과 밀, 품질이 훨씬 나은 포도주를 비롯하여 다양한 산물들의 소비가 확산되었고, 그에 따라 요리법 또한 발달하게 되었다. 이와 동시에 식사는 사회적 신분 차이를 드러내는 표시가 되어갔다. 모든 사람들이 새로 도입된 식재료들을 구입할 여력이 있는 게 아닌 만큼, 모두가 그럴 수 있기를 갈망하게 된 것이었다.

집안에서 요리를 하기 위해 할애된 곳은 핵심 공간이 되었으며, 준비된 요리를 먹는 곳, 호사스러운 향연이 벌어지는 곳 역시 중요성을

아키피우스의 요리법

제국의 도처에서 이국적인 재료들을 발굴해서 사용한 고대 로마시대 미식의 한 예를 소개한다. 커민은 근동 지역에서 생산되는데, 그것에 쿠미눔cuminum이라는 이름을 붙여준 건 로마인들이다. 지중해 연안에서 생산되는 열매인 대추야자가 손가락처럼 길쭉한 형태를 하고 있다고 하여 닥틸루스dactylus라는 이름을 붙여준 것도 역시 그들이다. 아래에 소개하는 조리법은 2인분을 기준으로 하는 분량이나, 우리는 로마 요리사가 가끔 한 마리 전부를 손질하고 요리했으리라고 쉽게 상상할 수 있다.

아프리카 속주식 타조고기 찜 2인분

타조 고기 500g(1파운드)
- 밀가루 2t
- 올리브유 2T
- 파숨passum* 또는 백포도주 300ml(4분의 1잔)
- 커민 1T
- 셀러리 씨 1t
- 씨를 제거한 대추야자 3개
- 통후추 1t
- 잘게 썬 박하 잎 2T
- 가룸garum** 3T
- 꿀 1t 그리고 식초 3T

* 당분을 첨가하지 않은 와인으로 고대 시대에 인기가 많았다. 오늘날 우리가 드라이 와인이라고 부르는 와인과 유사하다.
** 월남쌈에 곁들여 먹는 느억맘과 유사한 생선 액젓.
☆ T: 테이블스푼, t: 티스푼

타조 고기를 익힌다(아피키우스는 타조고기를 삶을 것을 제안하나, 석쇠에 굽거나 팬에 볶아도 괜찮다).

소스를 준비한다. 밀가루에 올리브유 1테이블스푼과 파숨을 넣은 다음 밀가루가 덩어리 없이 매끈해질 때까지 휘젓는다.

다음 순서에 따라 재료들을 빻는다. 커민 알갱이, 셀러리 씨, 대추야자, 통후추와 박하 잎. 이들 재료에 가룸과 남은 올리브유, 꿀, 식초를 섞는다. 준비해둔 소스와 섞는다. 고기와 소스를 중간 불에서 데운다.

출처 : 아피키우스, 『요리에 관하여』

더해갔다. 이탈리아 남부의 헤르쿨라눔이나 폼페이 유적지를 찾는 방문객들은, 오늘날까지도 여전히 남아 있는 이러한 공간들에서 기가 막히게 잘 보존된 풍부한 장식성을 엿볼 수 있다.

그 당시 애용되던 요리책들 가운데 하나로, 아마도 고대 시대에 가장 유명했을 것으로 추정되는 요리책에는 "요리에 관하여De re coquinaria(또는 '요리 예술')"라는 제목이 달려 있다. 이 책의 저자는 마르쿠스 가비우스 아피키우스Marcus Gavius Apicius로 알려져 있는데, 그 인물의 확실한 정체에 관해서는 요즘까지도 논란이 분분하다.

그 책은 너무도 기상천외하고 복잡한 데다, 사용되는 재료 또한 너무 풍성한, 이국적이어서 놀랍기 그지없는 요리법들을 다수 소개하고 있다. 짐작하겠지만, 이 모든 것은 초대 손님의 눈을 휘둥그레지게 만들고, 초대하는 주빈의 부와 높은 지위를 자랑하기 위해 존재한다. 그러니 자연스럽게 요리에 대한 플라톤의 날선 비판을 떠올리게 되는 것이 사실이다.

두 번째 질문, 먹는다는 것은 미학적 경험인가?

'미학'이란 용어는 예술과 아름다움에 대해 성찰하는 철학의 한 분야를 지칭하는 말로, 그리스어에서 '감수성이 예민한, 감각을 통해서 지각되거나 지각될 수 있는 것'을 뜻하는 aisthesis에서 유래했다. 이 용어는 고맙게도 어원상 우리에게 미학적 체험은 감각 기관을 통한 경험에서 시작된다는 사실을 함축적으로 알려준다.

자, 초대 손님들이 둘러앉은 테이블 위로 음식들이 차례로 도착한

철학자의 식탁

다. 그 음식들을 준비한 사람은 초대 손님들에게 미학적 체험 기회를 제공해주고자 했다. 이 미학적 체험은 감각의 경험으로부터 태어나게 될 것이다. 아니, 감각 기관을 통한 경험 단계를 거치지 않으면 미학적 체험 자체가 불가능하다. 요리사는 음식을 준비하면서 자신의 창작품이 어떤 효과를 내게 될지 스스로를 대상으로 미리 시험해보았다. 요컨대 음식을 맛보고, 간을 조절하고, 식감을 가다듬고, 비율을 수정하는 등, 자신의 감각 기관을 통한 경험으로부터 판단하고, 초대 손님들의 반응 또한 자신의 반응과 같으리라고 추측하면서 계속 자신의 작품을 고쳐나갔다.

사람들은 그거야 누구나 다 그렇게 하는 거 아니냐고, 모든 예술에 필요한 과정이 아니겠느냐고 말할 것이다. 아닌 게 아니라, 그렇기 때문에 화가는 자기 그림의 원근감을 수정하고, 조각가는 형태를 손질하며, 음악가는 화성을 고쳐 쓴다.

그래서 말인데, 철학은 오래도록 전통을 이어오면서 어찌된 까닭에서인지 요리사의 경우도 다른 모든 예술가들과 같은 방식으로 작업한다는 사실을 인정하려 들지 않았다. 이 점을 이해하기 위해서, 우리는 우리가 이 감각적인 체험, 그러니까 잠재적으로 미학적 체험을 촉발할 수도 있는 이 체험을 어떤 방식으로 느끼는지 자문해볼 필요가 있다. 위에서 예로 든 화가와 조각가의 경우에는 시각을 통해서 이를 느끼며, 세 번째 사례, 즉 음악가의 경우에서는 청각을 통해서 이를 느낀다.

그런데 요리의 경우는 어떤가? 요리가 맛과 후각에 거의 전적으로 호소한다는 사실은 명백하다. 그런데 철학적 전통에서는 이 두 가지 감각이 시각, 청각과는 달리 미학적 체험의 출발점이 될 수 없다고 단언한다. 그러면서 인지적이고 도덕적인 이유에서 그렇다고 주장한다. 도덕적 차원의 논리를 먼저 살펴보자면, 맛과 후각이 주는 쾌감은 시각과 청각이 주는 쾌감에 비해 훨씬 육감적이라고 한다. 상대적으로 시각과 청각은 그에 비해 고차원적이라는 것이다. 이게 다가 아니다! 다른 논리는 훨씬 더 흥미롭다.

인지적 차원에서 시각과 청각은 입맛과 후각, 심지어 촉각에 비해 훨씬 더 큰 가치와 객관성을 지닌다. 이에 비해서 입맛, 후각, 촉각 등은 은밀하고, 대단히 주관적이며, 남에게 전달하기 매우 어려운 경험이라고 해야 할 것이다. 청각과 시각이 제공하는 경험은 이렇듯 내밀하고 사적인 특성과는 거리가 있다. 또한 청각과 시각에 의한 경험은 대상과의 직접적인 접촉조차 필요로 하지 않는다. 대상과 멀리 떨어져 있으면서도 볼 수 있고 들을 수 있다는 말이다. 그런데 음식을 맛보기 위해서는 반드시 그 음식을 내 입으로 가져가야 한다. 그뿐 아니라 맛 체험은 일시적(이는 음악 혹은 연극 작품의 오디션도 마찬가지다. 비록 다시 듣는 것이 가능하긴 해도 말이다)이라서 음식을 입안에 넣고 맛보는 순간 완성되고 마무리된다.

이 모든 것으로부터 우리는 음악 또는 회화와 달리 요리에 있어서는 모든 것이 맛에 달려 있으며, 객관적인 기준이 없는 한 맛에 대해서는 논의가 불가능하다는 결론에 도달하게 된다. 이렇게 되면 우리는 맛을 더는 예술의 영역에도, 미학적 감정의 영역에도 놓을 수 없다. 지구에 사는 사람들의 절반가량은 맛으로는 페놀이라는 물질을 알아차리지 못하지만, 나머지 절반의 사람들에게는 이 물질이 쓴맛을 선사한다. 우리는 이 물질의 실제적인 맛에 대해서 길게 논란을 벌일 마음도, 스파게티(여러분이 선호하는 것)와 라자냐(내가 선호하는 것)의 맛을 놓고 장황하게 비교 토론을 벌일 의향도 없다. 칸트는 이 문제에 대한 논란을 유명한 라틴어 경구인 "맛에 대해서는 토론하지 않는다(De gustibus non est disputandum)"를 인용하면서 끝맺는다.

요리는 주관적인 맛이 문제가 되므로 미학적 체험이 될 수 없다는 결론을 내리기 위한 칸트의 성찰은 여기서 더 나아간다. 그런 그의 생각을 이해하기 위해서는 칸트가 의미하는 대로의 미학적 판단에 고유한 두 가지 차원을 상기해보는 게 유리하다. 그 두 가지 차원이 요리에 관한 판단에는 불가역적으로 결핍되어 있음을 즉각적으로 깨달을 수 있을 테니 말이다.

칸트의 미학적 판단은 '개념 없는 보편성universalité sans concept'이라고 부르는 어떤 것을 그 속성으로 한다는 의미에서 뭔가 특별하다. 그에 따르면 미학적 판단은 어떤 하나의 욕망을 충족시키며, 거기에는 더 이상 아무 것도 더해져서는 안 된다는 식의 단순한 맛의 판단이 아니라, 그것이 모두에게 가치가 있다는 암묵적인 확인과 보편적인 합의가 함축되어 있는 판단이라고 이해해야 한다는 것이다. 이러한 가치는 확실히 입증될 수는 없겠으나 적어도 경험될 수는 있다. 이러한 방식으로 미학적 판단에 대한 논의는 가능해지는 것이다(그리고 실제로도 사람들은 끊임없이 이러한 판단을 내린다). 그러나 이러한 미학적 판단을 완두콩 수프나 버섯 수프의 장점에 대해서까지 확대하자고 할 사람은 아무도 없다. 마찬가지로, 그렇기 때문에 미학적 판단을 단순히 욕망을 충족시킨다는 차원에서 쾌락과 관계된 일로만 볼 수 없으며, 교육될 수 있는 것, 즉 계몽된 판단을 내릴 수 있도록 학습 가능한 것으로 보아야 한다는 것이다.

물론 이런 모든 논거는 상당히 일리가 있으나, 그것만으로 결정적인 것은 아니다.

　미국 출신 철학 교수인 데이브 먼로Dave Monroe와 더불어 우리는 예술적 퍼포먼스 같은 몇몇 작품들은 창작 요리가 예술 작품이 될 수 없다고 주장할 때 지적하는 똑같은 특성, 즉 일시적이고, 유일무이하며, 소비되고 나면 그 즉시 사라져버린다는 특성을 지니고 있다는 사실을 통해서 칸트의 논리에 반대할 수 있다.[4]

　맛에 대한 판단 또한 발전해나갈 수 있다. 따라서 이 또한 미학적 판단의 지위를 얻을 수 있으며, 게다가 예술에 있어서 전문가를 판별하는 기준들이 미식 전문가를 판별하는 기준과 동일하다는 식으로도 우리는 반대 논리를 전개할 수 있다. 철학자 데이비드 흄은 미학적 판단이 가능하려면 다섯 가지 조건이 충족되어야 한다고 주장했는데, 우리는 그 다섯 가지를 요리 분야에서 똑같이 적용해볼 수 있다. 첫 번째는 미각의 섬세함이다. 이는 이해력이 감상에 더해졌을 때 발생하는 분별력의 한 유형이다. 두 번째는 실습이다. 이는 훈련을 통해서 미각의 섬세함을 함양하는 것을 말한다. 세 번째는 다양한 물체들과 다양한 수준의 아름다움을 비교하는 것이고 네 번째는 편견의 배제이며, 다섯 번째는 상식이다.

　이 다섯 가지 기준을 충족시킬 수 있는 자들이라면 진정한 의미에서 취향의 판관이라고 할 수 있으며, 이들이 내리는 판단이 모이면 규범이 될 수 있다. 다시 말해서, 어떤 한 작품 앞에서 단순히 주관적이고 심리적인 반응을 보이는 수준을 뛰어넘어서 우리는 이들 전문가들에게 평가를 맡겨야 할 것이다. 그러한 판관들 가운데 가장 유명하고 또 가장 강력하게 추천할 만한 자는 의심할 여지없이 앙텔름 브리야-사바랭이라 할 것이다. 그는 『미식 예찬』의 저자로도 명성이 자자하다.[5]

브리야-사바랭의 빛나는 성찰

미식 분야에서 일종의 정전이 된 그의 저서 『미식 예찬』은 요리의 미학적 감상을 옹호하는 변론처럼 읽힌다.

앙텔름 브리야-사바랭

브리야-사바랭이 그의 저서를 통해서 하고자 하는 주장을 간략하지만 충실하게 요약한다면, 아마도 '단순한 먹는 즐거움과 테이블에서의 즐거움은 다르다', '테이블에서의 즐거움은 곧 음식을 먹는 분야에서도 예술성이 존재한다는 것을 보여주며, 그것은 이 경험을 미학적 체험의 일환으로 승화시키며, 이런 관점에서 보자면 미식은 진정한 예술이라 할 만하다'는 내용이 될 것이다.

우선 음식을 먹는 즐거움은 자연적으로 주어지는 것이며, 가장 기본적인 필요를 충족시킨다. 영양분 섭취라는 필요는 식욕이라는 신호에 의해 알려지며, 만일 그 필요가 충족되지 않는다면 고통이 따르게 된다. 반면, 그 필요가 충족되면 매우 강렬하고 즉각적인 만족감이 생성되면서 개인의 생존이 보장되고, 이는 종의 영속성으로 이어진다.

다음으로, 테이블에서의 즐거움은 자연적인 것에서 벗어나 문화적인 것에 접속하게 해준다. 테이블에서의 즐거움은 그 세련미와 함께하는 먹는 즐거움과 그로 인한 만족감으로부터 발생한다.

브리야-사바랭은 이 두 가지 즐거움을 명확하게 구별한다. 즉 테이블에서의 즐거움은 우선 우리의 필요, 그리고 그 필요를 충족함으로써 얻어지는 만족감과는 일정한 거리를 두는 것이다. 이 즐거움은 실제로 필요가 충족되는 순간보다 선행할 수 있으며, 그로 인하여 기대를 품게 만드는 식으로 표현된다. 예를 들어 멋진 식사 시간이 가까워 진다는 생각에 식욕이 샘솟거나, 앞으로의 기쁨이 증폭될 수 있도록 의식적으로 식욕을 억제하는 것이다.

식사가 계속되는 동안, 사람들은 여전히 일정 수준의 거리를 유지 하며 즐거움을 통제한다. 미식가는 아무리 그가 가장 좋아하는 요리라 할지라도 처음 나오는 요리에 달려들어 허겁지겁 먹어치우는 행동 따 위는 하지 않는다. 이는 미술 애호가가 미술관에서 많은 걸작품을 보 는 것으로부터 발생할 수도 있는 소화불량에 대비하여 자신의 즐거움 이 최대한 오래 지속될 수 있는 방식으로 관람 동선을 짜는 것과 마찬 가지라고 할 수 있다. 흔히들 "소화를 잘 못 시키거나 취하는 사람들은 제대로 음식을 먹고 마시지 못하는 사람"이라고 하는 건 다 이런 연유 에서다.

테이블에서의 즐거움은 함께 하는 즐거움으로, 미학적 체험과 마 찬가지로 다른 사람과 그 즐거움을 공유하도록, 서로 교류하고 특히 대접받은 요리의 좋은 점에 대해 토론하도록 부추긴다.

마지막으로 브리야-사바랭은 우리 입으로 들어가는, 아니 우리가 맛보는 음식들에 대한 성찰과 집중, 주의를 권한다. 그는 또한 흄도 그 랬듯이 입으로 들어온 것과 관련하여 얼마만큼의 정성과 얼마만큼의 지식과 기술 등이 깃들어 있는지, 다시 말해 미학적 감상에 필요하며 요리와 그 결과물에 관해 배울 수 있는 모든 요소들에 대해 평가할 것 을 권한다.

결과적으로, 마구잡이식으로 배만 불리는 것이 아닌 섭생(음식과 그 음식에 부응하는 먹는 방식에 대한 합리적인 개념으로서의 섭생)에 대해 서는 평가할 여지가 있으며, 이 평가는 미학적인 것이 될 수 있다. 그러니 그 평가의 여지란 미식가의 몫이 될 것이며, 미식가는 나쁜 의미에 있어서 탐식가와는 다르다. 브리야-사바랭에 따르면, 이 같은 탐식은 일종의 열정적인 선호와 맞먹는다.

> "탐식은 입맛을 돋우는 대상들을 향한 열정적이고 합리적이며 습관적인 선호를 말한다. 탐식은 과욕의 적이다. … 어떤 관계에서 바라보건 탐식은 찬사와 격려를 받아야 마땅하다. 신체적인 관점에서 보자면, 탐식은 섭생과 관련한 신체 기관들이 작동한 결과이자 그것들이 완벽하며 건강한 상태에 있다는 증거다. 도덕적인 관점에서 보자면, 탐식은 창조주의 질서에 암암리에 복종하는 것이다. 우리에게 살기 위해서는 먹어야 한다고 명령한 창조주는 식욕을 통해서 우리를 먹도록 이끌며, 맛을 통해서 우리의 식욕을 유지하며, 즐거움을 통해서 우리를 보상한다."[6]

브리야-사바랭의 경구

브리야-사바랭의 저서는 20개의 경구로 시작되는데, 그중 몇몇은 널리 알려졌다.

I. 우주는 생명이 없다면 아무 것도 아니며, 살아 있는 모든 것은 먹어야 한다.

II. 동물들은 먹이를 찾아먹는다. 인간은 음식을 만들어 먹는다. 오직 정신을 가진 인간만이 음식을 만들어 먹는다.

III. 각 민족의 운명은 그들의 섭생 방식에 달려 있다.

IV. 네가 무엇을 먹는지 말해주면, 난 네가 어떤 사람인지 말해주마.

V. 조물주는 인간을 살기 위해서 먹어야 하는 존재로 만들면서, 식욕을 통해 먹게끔 하고 즐거움을 통해 이를 보상해준다.

VI. 탐식은 우리의 판단에 따른 행위로, 우리는 그 행위를 통해서 맛이 좋다는 장점을 갖지 못한 음식보다 그 장점을 가진 음식에 대한 우리의 선호를 표현한다.

VII. 테이블에서의 즐거움은 모든 나이와 사회적 조건을 초월하고 시공간을 가리지 않는다. 이 즐거움은 다른 모든 즐거움과 결합할 수 있으며, 그 모든 즐거움이 사라질 때 마지막까지 남아서 우리를 위로해준다.

VIII. 식탁은 우리가 처음 한 시간 동안 절대 지루해하지 않는 유일한 장소다.

IX. 새로운 음식의 발견은 인간에게 새로운 별의 발견보다 더 큰 행복을 선사한다.

X. 소화를 잘 못하거나 취하는 사람은 제대로 먹고 마실 줄 모르는 사람이다.

XI. 음식은 영양분이 풍부한 것부터 가벼운 것의 순서로 먹는다.

XII. 음료는 부드러운 것부터 맛과 향이 강한 것의 순서로 마신다.

XIII. 와인을 바꿔서는 안 된다고 주장하는 건 미친 짓이다. 혀가 익숙해지면 제아무리 훌륭한 와인이라도 석 잔을 넘어설 때부터는 무뎌지게 마련이기 때문이다.

XIV. 치즈가 빠진 후식은 눈 한 짝이 없는 미녀와 같다.

XV. 요리사는 만들어지고, 구이 장수는 그렇게 태어난다.

XVI. 요리사에게 가장 필수적인 덕목은 정확성이다. 정확성은 또한 식사 대접을 받는 초대 손님에게도 필요하다.

XVII. 너무 늦게 오는 손님을 기다리는 것은 시간 맞춰 도착한 손님들에게 결례가 된다.

XVIII. 친구들을 초대하고서 그들에게 제공되는 식사에 개인적인 정성을 쏟지 않는 사람은 친구를 가질 자격이 없다.

XIX. 집의 안주인은 항상 커피 맛이 좋도록 신경을 써야 하며, 바깥주인은 최고 품질의 식후주를 마련해두는 데 만전을 기해야 한다.

XX. 누군가를 식사에 초대한다는 것은 그가 우리 집 지붕 아래 머무는 동안 그 사람의 행복을 책임지는 일이다.

주

1. 플라톤, 『고르기아스』, 에밀 샹브리가 번역하고 역주를 단 판본, 파리, 가르니에-플라마리 옹 출판사, 1967년, 52쪽. [classiques.uqac.ca/classiques/platon/Gorgias/platogor.pdf]

2. 우리는 이러한 명성이 피레네 산맥 이쪽 또는 저쪽에서만 만들어진 것인지 응당 자문해보 아야 할 것이다!

3. 이브 미쇼, "예술의 의미", 《필로소피 마가진Philosophie magazine》지, 2011년 7-8월, 51호. [www.philomag.com/lactu/les-sens-de-lart-1733]

4. 데이브 먼로, "음식은 예술이 될 수 있을까? 소비의 문제Can Food Be Art? The Problem of Consumption". 프리츠 올호프와 데이브 먼로가 지도한 책 『음식과 철학 : 먹고 생각하고 즐거워하라Food and Philosophy : Eat, Think and Be Merry』에 수록. 옥스퍼드, 블랙웰 출 판사, 2007년, 133~144쪽.

5. 앙텔름 브리야-사바랭, 『미식 예찬』, 파리, A. 소틀레, 1825년. [www.gallica.bnf.fr/ ark:/12148/bpt6k1063697/f1.image]

6. Ibid., 명상 XI : "탐식에 대하여" 편.

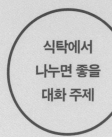

식탁에서
나누면 좋을
대화 주제

①
과일 후식을 먹으면서 뒤이어 치즈가
나오기를 기다리는 동안, 예술을 어떻
게 정의하면 좋은지 토론을 벌여보라.
그런 다음 초대 손님들의 의견에 비추
어서 식사 동안 먹은 음식이 예술이라
는 이름에 부합되는지 아닌지 확인해
보자.

②
초대 손님 각자에게 제일 좋아하는 식
당이 어느 곳인지, 그리고 그곳을 왜
좋아하는지 물어보자.

③
와인 블라인드 테스트를 시도해본다.
플라스틱 잔에 와인을 따르고, 제대
로 된 유리 와인 잔에도 따른다. 각자
의 의견을 경청한다. 이번에는 아주 좋
은 와인을 플라스틱 잔에 담고, 그보다
품질이 떨어지는 와인을 유리잔에 담
는다. 다시 손님들의 의견을 들어본다.
테스트에 참가한 자들과 결과를 놓고
토론한다. 깜짝 놀랄 결과를 기대하시
라!

④
배고픔은 수단을 정당화하는가? 당신
은 흡족한 한 끼 식사를 위해 어느 정
도의 비용을 지불할 준비가 되어 있는
가?

⑤

음식(찬 음식이면 더 좋다)의 첫 술을
뜨기 전에 초대 손님들에게 그 음식을
예술 작품(가령 회화나 조각 작품) 감
상하듯이 묘사해볼 것을 제안한다.

⑥

당신에게 게므네-팡파오의 쿠인아망
은 무엇을 뜻하며, 에우스카디의 아쇼
아 요리는 무엇을 뜻하는가? 뭔지 궁
금한가? 궁금하다면 아래에 첨부한 사
이트에서 답을 얻을 수 있을 것이다.
[www.cuisineaz.com/diaporamas/
plats-noms-imprononcables-282/
interne/1.aspx]

희한한 이름을 가진 요리에 대한 궁금
증을 풀었다면, 놀이 삼아 친구들과 함
께 먹는 요리에 도저히 발음할 수 없거
나 웃기는 이름을 붙여보자.

이 주제에
관해
읽을 만한 책

→ 플라톤의 『국가La République』, 조르 지 르루가 번역하고 소개한 판본, 파리, 플라마리옹 출판사, 'GF' 총서, 2004년. 『고르기아스』, 에밀 샹브리가 번역하고 해설한 판본, 파리, 가르니에-플라마 리옹 출판사, 1967년. [classiques.uqac. ca/classiques/platon/Gorgias/platogor. pdf]

→ 이브 미쇼Yves Michaud, "예술의 의 미Les sens de l'art", 《필로소피 마가진 Philosophie magazine》, 51호, 2011년 7~8 월호 [www.philomag.com/lactu/les-sens- de-lart-1733]

→ 데이브 먼로, "음식은 예술이 될 수 있을까? 소비의 문제Can Food Be Art? The Problem of Consumption", 『음식과 철학 : 먹고, 생각하고, 즐거워하라Food and Philosophy : Eat, Think and Be Merry』 중에 서. 프리츠 올호프와 데이브 먼로 지도,

옥스퍼드, 블랙웰 출판사, 2007년.

요리 예술의 정전 :
→ 앙텔름 브리야-사바랭, 『미식 예찬Physiologie du goût ou Méditations de gastronomie transcendante. Dédié aux Gastronomes parisiens par un professeur』, 파 리, A. 소틀레 출판사, 1825년. 프랑스 국립도서관 사이트 참조. [www.gallica. bnf.fr/ark:/12148/bpt6k1063697/ f1.image]
→ 카롤 탈롱-위공Carole Talon-Hugon, 『미학L'Esthétique』, 파리, PUF 출판사, '크세주?' 총서, 2010년.
→ 안 코클랭Anne Cauquelin, 『예술 이론 Les théories de l'art』, 파리, PUF 출판사, '크세주?' 총서, 2010년.
→ 레프 톨스토이 『예술이란 무엇인 가?Qu'est-ce que l'art ?』 파리, PUF 출판 사, '카드리지' 총서, 2016년.

PRESSE

magie minceur · Détox! Détox! Détox! · Diète Magique · Résultat rapide

Régime · Maigrir Vite · RECETTE MIRACLE

Cure de Jus · EN FORME · Super Santé · MUSCU MAG · Aliments+

9

갖가지 다이어트를 바라보는 회의적 시선

실존적 도전

이제껏 단 한 번도 다이어트를 해본 적이 없는
사람들은 주의하시라. 왜냐하면 조만간 반드시 누군가가
당신들에게 다이어트를 해보라고 권유할 테니까.
날씬하게 만들어준다는 기적의 다이어트,
맞춤형 다이어트, 지중해식 다이어트에 대해
한 번도 들어본 적이 없는 사람이 과연 있을까?
"지금 제일 잘 나가는 연예인과 비슷하게 만들어주겠다"는
다이어트는 또 어떻고?
요즘에는 다른 어느 때보다 기적의 다이어트들이 사방으로 널렸다.
그런 상품을 홍보하는 사람들에게는
큰돈이 굴러 들어오는 행복일 테지만 말이다.
그런데 이처럼 다이어트 열풍에 휘둘리는 세태 뒤에는
혹시 보이지 않는 불안감이 숨어있는 건 아닐까?
무엇이 열정적인 다이어터들로 하여금 새로운 다이어트 방법이
나왔다 하면 앞뒤 볼 것 없이 달려들게 만들 정도로
이들을 불안하게 하는가?
스스로의 의지와 광고를 통한 심리 조종,
온갖 종류의 사회적 압박감 속에서 어떻게 해야 효과적이면서
우리에게 한층 더 나은 삶을 제공해주는 다이어트 방식을 고를 수
있단 말인가? 게다가 이건 굉장한 실존적 문제이기도 한데,
우리가 어떤 것을 선택한다고 믿을 때, 과연 우리는 정말로 우리의
의지에 따라 선택을 하긴 하는 걸까?

"나로 말하면 두 가지 다이어트를 동시에 하는데, 하나만으로는 먹을 게 충분하지 않기 때문이다."

—콜뤼슈(Coluche)

회의론자의 관점으로 보는 다이어트

날씬해지게 해준다는 다이어트의 진가를 판단하기 위해서는 두 가지 질문을 제기해보아야 한다. 하나는 경험적인 것이고 나머지 하나는 규범적인 것이다. 첫째, 그 다이어트는 효과적인가?(물론 질문에 앞서 '효과적'이라는 말의 정의는 미리 내려둘 필요가 있다). 둘째, 그 다이어트는 건강을 해치지 않는가? 다이어트를 하면 당연히 몸무게는 줄어들 수 있겠으나, 그 때문에 건강에 위험 신호가 켜질 수도 있음은 새삼 거론할 필요도 없다.

경험적인 사실에 대한 확인을 평가하기 위해서 회의론자는 마침 아주 적절한 도구를 보유하고 있는데, 이 도구만 있으면 평가 대상들을 지지하는 증거를 효과가 작은 것부터 큰 것순으로 머릿속에 정리할 수 있다.

한편으로, 매우 초보적인 관점에서 볼 때, 어떤 대상에 대한 긍정적인 평가는 개인적인 경험에 토대를 두고 있다. 물론 이때의 경험은 본인 자신의 경험일 수도 있고, 타인의 경험담을 전해들은 것일 수도 있다. 우리는 이를 일회성 증거preuve anecdotique라고 부른다. 일회성 증거는 절대 소홀히 다뤄서는 안 되며, 때로는 이것만으로 충분할 수도 있다. 가령 일상생활에서 마주치는 무수히 많은 경우에서 그렇다(선험적으로, 나는 길 끄트머리에 수리점이 있다고 장담하는 자의 말을 믿지 않을 이유가 없으며, 이는 단시간 내에 확인가능하다). 하지만 이보다 훨씬 복잡한 무엇인가에 대해서라면, 예를 들어 날씬해지는 다이어트의 효과와 안전성 같은 문제의 경우, 그런 식의 해결책을 기대할 수는 없다. 여러 가지 다양한 이유 때문에 기적의 치료법이 어떤 한 사람에게는 효과가 있고, 다른 한 사람에게는 아무 효과가 없을 수 있으니 말이다.

그러므로 우리는 실제로 경험을 해보고 싶은 마음이 생기지만, 유감스럽게도 이 또한 실천 차원 또는 도덕 차원에서 발생할 수 있는 여러 가지 이유 때문에 항상 가능한 건 아니다. 그러니 별 수 없이 전문가들의 의견을 받아들이게 된다.

실제로 경험이 가능하고, 그 경험이 정말 실현되었을 경우, 또 엄밀한 의미에서의 연구 조사(경험적이고 실험적인 연구)가 존재할 경우, 회의론자의 척도는 그러한 것들이 제공하는 증거의 신뢰성을 평가하는 데 도움이 된다.

이런 관점에서 우리는 연구의 몇 가지 수준을 구별해볼 수 있다.

신뢰성이 제일 낮은 수준으로는 (통계 연구에서 각종 변수 투입을 통해 정밀도를 높이는 과정인) 변량 조절variable de contrôle 없이 진행된 연구(따라서, 연구의 신뢰성을 판단하기 위해서는 매번 연구 결과가 게재된 출판물의 수준을 고려해야 하며, 통상적으로 동료 연구원들로 이루어진 심사위원회를 두고 있는 학술지에 대한 신뢰도가 높은 편이다)가 있고, 그 다음으로는 변량 조절이 이루어진 연구(변량 조절 단계를 거치지 않은 연구에 비해 조금 더 신뢰할 수 있다)가 위치할 것이고, 마지막으로 제일 높은 수준으로는 이보다 더 믿을 만한 연구, 즉 실험 그룹과 대조 그룹(무작위로 그룹을 형성하는 것이 이상적이다)을 나눠서 진행한 연구 결과가 있을 것이다.

방금 설명한 것이 연구의 수준(신뢰도)을 판단하는 척도다. 우리는 어떤 변수(날씬하게 만들어주는 다이어트)에 따른 효과를 연구할 때 최대한 유사한 두 개의 그룹을 구성해서 이를 조사한다. 가령, 한 그룹은 다이어트 방식을 따르고, 다른 한 그룹은 그러지 않는 식이다. 이 경우에 변화가 확인된다면 이는 정당하게 변수, 즉 두 그룹을 차이 나게 하는 요소인 다이어트에 의한 것으로 간주할 수 있다. 이러한 결론을 정확하게 도출해내기 위해서는 통계학적 방식이 사용되나, 이 책에서는 그런 문제까지 상세하게 다루지는 않을 것이다.

다수의 연구 작업물이 있을 경우라면, 우리가 메타분석méta-analyse이라고 부르는 도구를 사용해서 그 결과를 통합하여, 연구 대상이 되는 변수의 효과 크기 척도를 얻어낼 수 있다. 그리고 그렇게 함으로써 효과 여부를 무척 정확하게 측정할 수 있다. 그렇게 되면 경험적이고 실험적인 연구의 성배라고 할 수 있는 것이 얻어진다는 말이다.

나는 독자 여러분들이 이미 짐작했으리라고 확신하는데, 솔직히 날씬해지게 만들어주는 다이어트에 관한 그 같은 연구는 실천적이고 윤리적인 이유 때문에 제대로 진행되기가 매우 어렵다. 생각해보라. 앞에서 제대로 된 연구를 하려면 각기 다른 두 개의 그룹이 있어야 한다고 했다. 첫 그룹 구성원들은 아직 그 효과를 알 수 없는, 이들에게 득이 되는지 해로운지조차 알지 못하는 다이어트 방식을 따

윌리엄 와드William Wadd가 1829년에
제작한 판화, 뚱뚱함에 대한 논평
(런던의 웰컴도서관)

라야 한다. 그렇기 때문에 이 분야에서는 아직 표준 척도나 성배 같은 것이 등장할 수 없다.

아니, 그런 정도가 아니라 상황은 더 고약하다. 기적의 다이어트들과 관련된 모든 것은 너무도 돈벌이가 잘 되기 때문에 연구에는 반드시 왜곡과 오류, 과장 현상이 따르게 되며, 특히 연구 결과를 대중들에게 확산할 때 그 같은 경향이 심화될 우려가 크다.

한 예로, 초콜릿을 먹으면 날씬해질 수 있다고 주장하는 연구까지 있을 정도다.

셀러브리티는 다이어트의 적?

날씬해지는 다이어트건 다른 종류건, 식습관 분야에서 판도를 어지럽히는 또 다른 요인은 바로 셀러브리티들이다. 이들은 자신들의 인기를 앞세워 이러한 상품들을 광고하는데, 심지어 때로는 아주 이상하고, 위험해 보이는 다이어트 방식까지도 좋다고 선전한다.

티머시 코필드Timothy Caufield는 최근에 발표한 저서 『기네스 펠트로가 그렇게 잘못했나? 유명 인사를 추종하는 문화와 과학이 충돌할 때Is Gwyneth Paltrow Wrong About Everything? When Celebrity Culture and Science Clash』[1]에서 셀러브리티들을 따르는 풍조와 그 셀러브리티들의 영향력이 인터넷과 소셜미디어 덕분에 기하급수적으로 증대되는 시대에 섭생이 지니는 이러한 양상에 주목했다. 그는 건강과 같은 복잡한 현안에 대한 셀러브리티들의 특정한 믿음이 불특정 다수의 대중에게 어느 정도까지 진지하게 받아들여지는지 보여준다. 대중은 셀러브리티들에게 그들의 실

철학자의 식탁

살을 빼기 위해서는 초콜릿을 먹자!

2015년, 다이어트 앤 헬스 인스티튜트Diet and Health Institute의 연구소장이며 박사인 조해니스 보해넌Johannes Bohannon은 실험 그룹과 대조 그룹으로 나누어 진행한 한 연구의 결과를 발표했다. 저탄수화물 위주로 음식을 섭취한 사람들은 하루에 초콜릿 바 하나씩을 먹을 경우 그렇지 않은 사람들에 비해 10퍼센트나 빨리 체중을 줄일 수 있다는 연구였다!

각종 신문과 잡지들이 앞다투어 게재하고, 텔레비전에서도 소개하면서 이 놀라운 소식은 급속도로 전 세계에 퍼져나갔다.

연구는 실제로 실험 그룹과 대조 그룹을 두고 진행되었다. 통계 분석도 실제로 이루어졌으며, 체중 감소와 초콜릿 소비와의 연관성을 확인하는 결론도 내려졌다. 문제는 이 연구를 통해서는 어떤 식으로도 이러한 결론을 도출해낼 수 없다는 점이었다.

조해니스 보해넌, 아니 존 보해넌(조해니스 보해넌의 원래 이름)이 강조했듯이, 이는 나쁜 과학의 좋은 예라고 할 수 있다. 결과는 아무런 의미가 없으며, 언론이 수백만 독자들과 시청자들에게 선전한 치료 효과란 전혀 근거가 없다. 사실상 이는 다이어트 분야에서 이루어지는 연구들의 전형적인 예라고 할 수 있다.* 다이어트 앤 헬스 인스티튜트로 말하자면, 그 기관은 이 사건을 위해 인터넷상에서만 일시적으로 존재했던 기관이다.

이 소동은 거짓으로 조작된 소규모 실험을 통해서 다이어트에 관한 연구 활동들이, 말도 안 되는 결론과 허술하기 짝이 없는 실험 방법과 과정에도 불구하고, 아무런 비판 의식 없이 언론에서 얼마나 관심 있게 받아들여지며, 얼마나 손쉽게 일반 대중들에게 먹혀 들어가는지를 보여주려는 의도에서 기획되었다.

---

* 존 보해넌, "나는 수백만 명을 초콜릿이 체중 감소를 돕는다고 믿는 바보로 만들었다 : 여기 그 방법을 소개한다I Fooled Millions into Thinking Chocolate Helps Weight Loss : Here's How" [www.io9.gizmodo.com/i-fooled-millions-into-thinking-chocolate-helps-weight-1707251800]

제적인 재능에 거의 반비례한다 싶을 정도의 신뢰를 보인다.

이 같은 사례들 가운데 하나가 바로 글루텐을 배제하는 식생활 풍조다. 뛰어난 테니스 선수인 노박 조코비치Novak Djokovic에 의해서 특히 유명해진 이 식습관은, 조코비치에 따르면 그가 코트에서 힘껏 재능을 발휘하는 데 한몫했다고 한다.

글루텐이라고 하는 단백질을 포함한 모든 식품(파스타와 빵 등)을 식생활에서 배제하는 이 식습관이 어찌나 유행하는지, 글루텐이 들어 있지 않은 식품의 판매량이 가파르게 상승 곡선을 그렸다. 슈퍼마켓마다 이들 상품을 위한 판매대가 자리를 잡았으며, 심지어 연인 찾기 사이트들의 이름 중에서도 Glut'aime와 같이 이러한 식습관을 내세우는 이름이 등장했을 정도다. 글루텐 프리 사랑이라….

이 문제에 대한 학계의 협의는 더할 나위 없이 명쾌하다(회의론자마저도 쉽게 수긍할 것이다). 글루텐에 대한 알레르기 반응(셀리악병maladie coeliaque)은 '유전병'으로 정의되며, 이 병은 "소장 점막의 융모 위축으로 특징지어지며, 이 증세는 글루텐(밀, 호밀, 보리 등에 들어 있는 단백질[2]) 흡수를 통해서 활성화된다". 이 질병을 가진 환자로 진단받지 않은 사람들 중에서도 스스로 글루텐에 '예민하다'고 믿으면서 그걸 먹으면 몸이 불편해진다고 확신하는 사람들도 더러 있다. 다른 무엇보다도 조코비치를 보고 느낀 바가 있어서 이들은 글루텐을 배제한 식습관을 택한다.

처음에는 진짜 그런가보다고, 글루텐에 민감한 사람들이 있는 게 사실이라고 믿었으며, 실제로 그걸 입증한 연구 결과도 있었다. 하지만 다른 실험 그룹과 대조 그룹을 통해서 진행한 또 다른 연구 결과는 이 사람들이 글루텐이라는 식물성 단백질이 아닌 FODMAP

(Fermentable Oligo-, Di-, Mono-saccharides And Polyols의 첫 글자를 따서 만든 약자로, 장내에서 발효되기 쉬운 올리고당, 이당류, 단당류, 폴리올을 뜻한다)[3]에 반응을 보였음을 밝혀냈다. 더구나 FODMAP에 대한 알레르기 반응을 치료하는 데에는 매우 효과적인 방법이 이미 존재한다. 여기서 중요한 사실은 이 사람들이 글루텐에 민감한 반응을 보인 것이 아니라는 점이다. 이들이 호소한 불편함은 FODMAP이 원인일 수 있으며, 어쩌면 우리가 흔히 노시보nocebo(플라시보의 반대)라고 부르는 효과 때문일 수도 있다. 플라시보placebo(문자 그대로 '마음에 들 것이다'를 뜻하는 단어)는 아무런 효과도 없는 상품임에도 그것을 사용하는 자가 효과가 있다고 믿으면 실제로 긍정적인 효과가 발생하는 현상을 가리키며, 노시보('해가 될 것이다')는 이와 반대로 아무런 효과도 없는 상품이 그것을 사용하는 자가 해가 될 것이라고 믿으면 실제로 부정적인 효과가 발생하는 현상을 지칭한다.

나는 이 문제에 대해서 정확한 의견을 말할 만큼 전문가적인 식견을 갖추고 있지 않지만, 이러한 몇몇 자료들은 섭생 같은 분야에서 개인적인 경험이 믿을 만한 근거로 작용하는 데에는 한계가 있음을 인정할 수밖에 없게 만든다.

날씬하게 만들어주는 다이어트 방식들의 안전성 문제는 아직 살펴보기도 전이지만, 나는 최소한 이 분야는 여러 가지 양상을 통해서 볼 때 전체적으로 난맥상을 보이고 있으며, 최소한의 비판의식이라도 유지하기를 원한다면, 이 사람 저 사람이 제멋대로 내세우는 주장들에 대해서 경계심을 보여야 할 필요가 있다는 점에 사람들이 동의해주기를 바란다.

그렇게 함으로써 우리는 사람들이 우리에게 하는 말에 대해서 그 말이 적어도 수긍할 만한지 문제의식을 갖고서 주의 깊게 검토하고 확인하게 될 것이다.

우리는 권위(예를 들어 유명인사들)를 내세우는 작태에 대해서도 경계할 것이다. 적어도 유명한 셀러브리티라고 해서 다짜고짜 신뢰하는 행태는 지양할 것이다.

우선 경험적인 증거를 요구해야 할 것이며, 실질적인 체험을 통한 검증이 불가능할 경우라면 적어도 제안하는 상품이 우리의 생물학, 의학, 영양학 지식 등과 배치되지는 않는지 확인하기 위한 실험이라도 요구해야 할 것이다. 퀘벡에는 이 문제에 관해서 충분한 지식을 얻을 수 있는, 믿을 만하고 누구에게나 추천할 만한 사이트[www.extenso.org]가 있다. 또한 미국에서라면 하버드 의과대학의 T. H. 찬 공중보건학교의 영양분과 사이트[www.thenutritionsource.org]를 참조하면 된다.

지금은 일단 여기서 제시한 몇몇 규칙에 따라 도달한 몇 가지 결론만 간단히 정리해보겠다. 아래에 소개하는 내용들은 특히 회의주의 경향이 강한 의사 해리엇 홀Harriet Hall의 연구를 많이 참조했다.[4]

새로운 섭생 방식의 판매

날씬하게 만들어주는 상품, 서비스, 또는 각종 도구(PSMA) 산업이 활용하는 마케팅 전략은 헤아릴 수 없이 많다. 더구나 기만적인 슬로건과 미덥지 않은 표현들을 광고에서 만나는 경우도 드물지 않다. 현재 시점에서 PSMA의 광고와 관련해서는 그 어떤 특별한 입법 조치도 존

철학자의 식탁

재하지 않는다.

퀘벡 공중보건연합(ASPQ)에 따르면, 가장 광범위하게 활용되는 세 가지 광고 전략은 다음과 같다. 첫째, 상품의 '자연적인' 특성에 초점을 맞춘다. 둘째, 효율성이 과학적으로 증명되었거나 의사의 동의를 얻었음을 부각시킨다. 셋째, '건강 담론'을 채택한다.[5]

기적의 다이어트들

요즘 한창 유행 중이거나 최근까지 반응이 좋았던 몇몇 다이어트 방식들은 다음과 같다. 우리가 위에서 살펴본 몇몇 기준들을 적용해가면서 이 방식들에 대해 생각해본다면 상당히 합리적인 태도라 할 것이다.

구석기 다이어트

1985년에 처음 선보인 후 대단히 인기몰이를 했던 이 방식에 따르면, 구석기 시대 우리 조상들처럼 먹어야 하며, 자연에서 얻어진 식품만을 적당량 섭취해야 한다. 그런데 여기서 조상이란 정확하게 누구를 가리키는 걸까? 인류학자들이 전 세계 여러 지역에서 묘사한 섭생 방식은 매우 다양하며, 구석기 시대에 존재했던 많은 식품들 가운데 요즘에는 자취를 감춰버린 것들도 많다. 또 적정량이라니, 과연 얼마만큼이 적정량일까? 게다가 자연에서 얻어지는 적지 않은 식품들이 독성을 품고 있으며, 완벽하다고 말할 수 없고, 따라서 건강에 반드시 좋다고 할 수 없으며, 구석기 시대 이후 지속적으로 겪어온 변화의 결과보다 자연 상태 그대로가 더 좋다고도 장담할 수 없다. 우리 조상들이 그런 식품들을 기꺼이 포기했던 데에는 다 그럴 만한 이유가 있었다는 말이다.

마지막으로, 일부 권유 사항은 건전하다고(과일과 채소를 많이 먹어야 한다) 판단되지만, 위험하다고 간주되는 사항들, 지나치게 많은 육류 소비, 지나치게 적은 곡물 소비(이 상품을 기획한 사람들은 우리 조상들의 섭생 방식에 곡물이 들어 있지 않았다고 생각한 모양인데 이는 착각이다), 수용성 섬유질 결핍[6]도 눈에 띈다.

잠자는 숲속의 공주식 다이어트

진통제는 잠이 오게 한다. 잠자는 동안에는 먹지 않으며, 따라서 체중이 줄어든다는 건 누구나 잘 알고 있다. 그러니 이 다이어트 방식에 대해서는 특별히 설명할 필요가 없지 않을까…….

혈액형에 따른 다이어트 방식

요컨대 혈액형에 따라 일부 식품은 피해야 하고, 또 반대로 몇몇 식품은 적극적으로 찾아먹어야 한다는 섭생 방식. 그런데 이러한 권장 사항들은 과학적으로 전혀 믿을 만한 근거가 없으며, 이 다이어트 방식의 효율성을 입증할 만한 그 어떤 설득력 있는 자료도 제시되지 않았다. 아니, 그 정도가 아니다. 이 섭생 방식은 균형 잡힌 식생활에 반드시 포함되어야 할 식품들을 배제했다.

늑대인간식 다이어트

이 방식대로라면 보름달이 뜨는 동안에는 금식을 해야 한다. 왜?

잠자는 숲속의 공주는 자신의 다이어트에 관해서는 전혀 염려하지 않았다. 장미목 침실,
에드워드 번-존스Edward Burne-Jones가 1890년경에 그린 그림

늑대인간이 그렇게 했기 때문에? 나, 원, 이렇게 황당할 수가……. 하긴 금식을 하면 체중은 줄어들 것이다. 먹으면 금방 다시 불어날 테고…….

다섯 숟가락만 먹기 다이어트

이 방식은 당신에게 아침식사는 거르라고 권한다. 그리고 점심과 저녁식사 때에는 당신이 먹고 싶은 걸 다섯 숟가락만 먹을 것을 권장한다. 식사를 완전히 건너뛰는 건 그다지 좋은 생각이 못 된다. 충분하지 않게 먹는 것도 마찬가지다. 숟가락이 엄청 크다면 또 모를까…….

아기용 식품 먹기 다이어트

하루 동안 당신은 유아용 이유식 14병을 먹어야 한다. 이유식 한 병의 열량은 20에서 100칼로리까지 다양하다. 그런 다음 저녁에는 아주 가벼운 수프 한 그릇을 먹는다. 그러면 확실히 체중은 줄어들 것이다. 섭취하는 열량이 적으니까. 하지만 그렇게 유아용 이유식만 먹는 모습이 볼 만할 텐데…….

자몽 다이어트

자몽에 들어 있는 몇몇 효소들은 지방을 태우는 특성을 지니고 있다. 그러니 자몽을 많이 먹고 날씬해지시라! 여기에 대해서 해리엇 홀은 다음과 같이 평했다.

"우리는 식품 안에 들어 있는 효소들이 위에서 파괴되며 살아남지 못하므로 우리 몸에서 효소로 작용하지 못한다는 사실을 잘 알고 있다. 이 섭생 방식이 다이어트 식사로 생존할 수 있는 건 사람들이 늘 똑같은 것만 먹는데 지쳐서 덜 먹기 때문이다. 이 방식으로는 섭취하는 열량이 너무 적고, 따라서 건강에 좋지 않다."[7]

외로운 기생충 다이어트

가장 나중에 등장했으나 그렇다고 파급 효과가 적지 않았으며, 이 말은 서글프게도 정말이다. 기생충의 알을 삼키면, 그것들이 성충이 되어 당신 위 내부에 자리를 잡고서 당신이 섭취하는 음식물을 먹는다. 결과적으로 당신은 몸이 마르게 된다. 해리엇 홀은 이렇게 말한다. "이 기생충들은 염증을 일으켜서 불쾌한 증세를 유발할 우려가 있으며, 그것들이 장을 막거나 다른 기관(간, 심장, 눈, 뇌 등)으로 이동해서 심각한 문제를 일으킬 수 있다."[8]

우리는 날씬하게 만들어준다는 다이어트 방식에 관한 한 그 끝을 모르는 것이 확실하다.

날씬해지기 위한 가장 좋은 방법은, 적어도 아직까지는 그 어떤 해괴한 다이어트 방식도 따르지 않는 것이다. 다시 말해서, 건강하게 먹으면서 점진적으로 섭생 방식을 바꿔나가는 것이다. 이것이 바로 이 문제에 관한 믿을 만한 연구가 내린 결론이다. 일부 사람들이 정말로 체중을 줄이는 데 성공하더라도 곧 다시 살이 찌게[9] 되어 있다. 이 문제에 있어서는 철학자가 의사와 영양학자에게 자리를 양보해야 하겠지만, 그래도 철학은 당신이 '다른 방식'의 섭생을 결정하는 데 도움을 줄 수 있다. 그 '다른 방식'이 무엇이든 말이다.

정치 철학이 당면한 문제, 보호를 가장한 통제

개인의 자유는 남녀 구별 없이 우리 모두가 뼛속 깊이 소중하게 여기는 가치이며, 이에 따라 우리의 정치 제도 역시 이러한 가치를 실현하는 표상이 되고자 한다. 그러므로 정치 제도는 이 기본적인 권리를 제한하려는 모든 속박에 대해 정당한 이유를 제시해야 하며, 자유를 제한하는 한이 있더라도 그것이 개인의 복지를 위하는 행동이라고 주장하는 일이 쉽게 용인되어서는 안 된다. 오히려 그러한 행동에서는 우리가 흔히 보호를 가장한 통제라고 부르는 것의 낌새만 느껴질 뿐이다. 사실 이러한 통제는 비난받아 마땅하다.

그런데 지난 몇 년 전부터 몇몇 저자들이 이 같은 통제와 간섭의 옹호자로 나서기 시작했다. 가령 여러 가지 옵션을 제시하고 어떤 사람이 그것들 가운데에서 자신에게 가장 유리한 것을 고를 수 있도록 교묘하게 선택을 조장한다고 상상해보라. 이러한 방식은 넛지nudge라고 불리며, 선택해야 하는 사람을 팔꿈치로 쿡쿡 찔러 특정 선택을 부드럽게 유도한다는 뜻을 지닌다.

구체적인 예를 들어보자면, 어차피 모든 것이 거기서 거기이므로 우리는 줄곧 변화를 향해 성큼 나아가기보다는 현상 유지를 선호하는 경향을 보인다. 예를 들어, 은퇴 후를 위하여 저금을 하는 것은 현명한 행동이므로 국가적 차원에서 사람들의 급여에서 아예 일정 액수를 떼어 예치하도록 하는, 일종의 '귈석 선택'이 이루어진다. 즉, 저축을 각자의 자유재량에 맡기는 대신, 본인의 선택이 없었음에도 선택이 이루어지도록 조종하는 것이다. 이때 결과는 본인에게 좋은 것으로 간주되며, 넛지에 의해서 얻어졌다고 말할 수 있다. 넛지란 곧 상당히 완화된 형태의 간섭이자 통제인 셈이다. 이것이 어떻게 반발을 일으킬 수 있는지 이해하기 위해서라면, 넛지, 즉 '궐석 선택'의 대상이 사후 장기 기증이라고 가정해보라.

이보다 훨씬 적극적이고 훨씬 구속력이 강한 형태의 보호를 빙자한 간섭도 존재한다. 아예 어떤 종류의 선택은 불가능하도록 만들어버리는 것이다. 섭생 방식에서는 이런 유형의 간섭이 자주 관찰된다. 점점 늘어나는 어린 세대의 비만에 대한 대응으로, 관계 당국이 일정한 형태의 탄산음료, 에너지 음료, 또는 학교에서의 군것질 등을 금지하려는 경우가 바로 여기에 해당된다.

그 문제를 놓고 벌어진 열띤 논란은 우리로 하여금 이 장의 앞 부분에서 언급한 자유와 그 자유에 대해서 합법적으로 강제하고자 하는 제한의 문제로 눈을 돌리게 만든다. 공공 토론과 민주적 대화의 장에서 거대 식품 기업들의 역할(막중하지만 논란의 여지가 많다)은 차치하고라도 말이다.

우리의 선택은 정말로 자유로운가?

특정 다이어트를 하건 그와는 다른 다이어트를 하건, 우리는 뭔가를 선택할(혹은 선택한다고 믿을) 때 과연 정말로 선택을 하긴 하는 걸까?

이 질문은 의미심장하다. 여기에 제대로 답하기 위해서는 우리가 자유로운지 아닌지(그러니까 책임을 져야하는지 아닌지)를 알아야 하며, 또 필요한 경우에는 어느 정도까지 그러한지도 알아야 하기 때문이다.

이 질문은 아주 오래 전부터 철학자들을 비롯하여 다른 모든 분야의 사상가들을 분열시켜왔다.

장-폴 사르트르, 1965년

이 질문과 관련하여 가장 급진적인 입장 가운데 하나는 장-폴 사르트르Jean-Paul Sartre(1905~1980년)의 입장이다. 그에게 인간은 언제나 자유로우며 언제나 선택하는 존재다. 여기서 선택한다는 것은 우리가 놓이는 상황이 아니라 우리가 그러한 상황에서 어떤 행동을 하느냐를 선택한다는 의미로 해석된다.

그의 주장을 이해하기 위해서, 나는 여러분들을 파리의 카페 드 플로르로 안내할 것이다. 사르트르와 그의 동반자 시몬 드 보부아르Simone de Beauvoir(1908~1986년)가 그곳에서 함께 식사를 하고자 우리를 기다린다.

거기까지 가는 도중에 나는 여러분들에게 한 가지 경험을 제안한다. 소박하지만 중대한 결과를 초래할 수도 있는 경험이다.

한 손에 작은 물건, 예를 들어 만년필 같은 것을 하나 놓고서 손바닥이 아래를 향하도록 한 채 그 손을 앞으로 뻗는다.

손을 열어보라.

그러면 그 안에 있던 만년필이 떨어진다.

그렇다고 놀라지는 말라.

이건 전혀 놀라운 일이 아니니까. 세상이 그렇게 생겼기 때문에 물건이 떨어지는 것이다. 뉴턴 이래로 널리 알려진 만유인력의 법칙에 따라 그렇게 되는 것이다. 이 법칙은 다리를 건설하거나 비행기, 또는 다른 수많은 물체들을 구상할 때 대단히 유용하다.

철학자의 식탁

실제로 모든 물건은 이 법칙에 따라 떨어지며, 그것도 직선으로 떨어진다. 프랑스 철학자 가스통 바슐라르Gaston Bachelard(1884~1962년)가 영리하게 지적했듯이, 겉보기에 떨어지지 않는 것들도 사실은 떨어진다. 새의 비행 또는 가을이면 변덕스럽게 휘날리는 나뭇잎들도 결국은 부인되는 추락(새의 경우)이거나 사고(바람) 때문에 어쩔 수 없이 떨어지는 것이니 말이다.

자, 만년필 실험을 반복해보자. 이번에도 영락없이 만년필은 떨어진다.

이로써 우리가 결정론이라고 부르는 것이 명백하게 드러난다. 결정론이란 요컨대 이 세계에서 일어나는 사건들은 필요한 원인들의 연속적인 결합에 따라 일어나며, 이 연속적인 결합은 자연의 법칙에 따라 발현되고 따라서 우리 일상생활의 규칙성을 보장해주므로, 똑같은 원인은 똑같은 결과를 낳는다는 입장을 가리킨다.

이 모든 것을 아는 당신은 그러니 우리가 계획한 이 작은 실험에 놀라지 않을 것이다.

그런데 나는 어떤 의미에서 놀라지 않을 수 없다. 이러한 생각이 우리에게 특별히 소중한 또 하나의 다른 생각과 충돌하기 때문이다.

다시 만년필로 돌아오자.

만년필은 결정론이나 만유인력의 법칙이 확인해주듯이 다시 떨어진다. 하지만 여기서 당신이 내가 시키는 대로 순순히 복종할 것이라고 예측하게 해주는 거라곤 아무 것도 없다. 아마도(틀림없이) 당신은 내 말대로 하지 않았을 수도 있다.

우리는 상식적으로 당신이 자유롭게 선택했다고 확신한다. 우리의 형법 체계, 도덕적 책임에 대한 우리의 직관, 종교 등은 모두 이러한

입맛대로 고르는 실존주의

제2차 세계대전이 끝난 후의 파리. 생제르맹데프레를 드나드는 인사들은 대개 카페 드 플로르를 약속 장소로 삼았다. 잘 알려졌다시피, 사르트르와 보부아르는 이 카페의 유명한 단골 손님이었다. 그런데 이곳에서는 이 두 사람뿐만 아니라 앙드레 브르통André Breton이나 알베르 카뮈Albert Camus, 줄리에트 그레코Juliette Greco 같은 인물들도 심심찮게 마주칠 수 있었다. 사르트르는 해산물이라면 질색이었고, 채소도 좋아하지 않았으며, 사람의 손으로 요리하지 않은 음식이라면 모조리 싫어한 반면, 달걀 요리만큼은 몹시 즐겼다. 그리고 전해지는 소문에 따르면, 카페 드 플로르에서 벌어지는, 자크 프레베르Jacques Prévert와 그의 형제 피에르Pierre, 앙토냉 아르토Antonin Artaud 또는 보리스 비앙Boris Vian 같은 이들의 행색을 특히 더럽게 만들었던 전설적인 달걀 전쟁도 퍽이나 재미있어 했다고 한다.

사르트르의 변덕스러운 성격을 잘 알았던 주방장은 아마도 알렉상드르 뒤마Alexandre Dumas 식 요리법을 메뉴에 올려놓았던 것 같다.

로베르 소스를 곁들인 달걀 요리

양파 두세 개를 깍둑썰기 하듯 썬다. 팬에 버터를 약간 두르고 썰어둔 양파를 볶는다. 볶은 양파에 밀가루를 조금 뿌린 뒤, 육수와 샴페인 한 잔을 붓고 약한 불에서 뭉근하게 졸인다. 양파가 익어가는 동안 달걀 12개를 삶는다. 삶아진 달걀의 껍질을 벗긴 다음, 내장을 곁들인 달걀 요리 때처럼, 달걀을 4등분한다. 달걀에 뭉근하게 졸인 양파 소스를 곁들인다. 소금과 후추로 간을 하고, 먹기 직전에 겨자를 첨가한다.

출처 : 알렉상드르 뒤마, 『요리 소사전Petit dictionnaire de cuisine』, 파리, 알퐁스 르마르 출판사, 1882년.

결론으로 수렴한다. 요컨대 우리는 자유로우며, 우리 안의 무엇, 그것이 영혼이든 정신이든(그 이름은 전혀 중요하지 않다), 그 무엇인가가 결정론의 그물을 유유히 빠져나간다는 것이다.

이쯤 되면 당신은 짐작했을 것이다. 이 두 가지 생각, 둘 다 어느 쪽이라고 할 것도 없이 똑같이 중요한 이 두 가지 신념은(전자에 우리의 지식과 기술이, 후자에 우리의 도덕 체계와 형법 체계가 달려 있다) 얼핏 보기에는 격렬하게 대립하는 것처럼, 아니 심지어 모순된 것처럼 보인다.

'자유의지의 문제'라고 불리는 이 난제를 해결하기 위해 지금까지 온갖 기발한 아이디어들이 등장하여 불꽃 튀는 경합을 벌였다.

더러는 결정론이란 보편적이며 자유의지란 신기루에 불과하다는 입장을 보이는가 하면, 이 두 가지는 도덕과 법의 요구라는 특별한 의미에서라면 얼마든지 양립가능하다고 주장하는 쪽도 있다. 이 문제는 결국 우리의 이해가 미치는 한계, 도저히 넘어설 수 없는 한계로 우리를 몰아간다고 장담하는 사람들도 있는데 놈 촘스키Noam Chomsky 같은 철학자가 대표적이다. 이들은 '신비주의자'라고 불린다.

그런가 하면 우리는 철저하게, 전적으로 자유롭다고 판단하는 사람들도 있다. 사르트르의 경우가 여기에 해당되는데, 실존주의라고 불리는 그의 사상 체계는 20세기의 기념비적인 철학으로 손꼽힌다.

자, 이제 몇 분만 더 가면 카페 드 플로르에 도착한다. 그 정도 시간이면 사르트르의 주장을 간략하게 요약해서 설명하기에 충분하다.

무척 간단하게 말하자면, 사르트르는 이 세계에 사는 존재들을 더는 환원 불가능한 두 부류로 구분한다. 즉자卽自 존재l'être en soi와 대자對自 존재l'être pour soi가 그것이다(그는 대타對他존재le pour-autrui라는 것도 언급하지만, 그건 이 책에서 다루지 않겠다).

즉자 존재는 인간 의식을 빼고 존재하는 모든 것을 가리키며, 이는 단순히 무기력하고 소극적으로, 다시 말해서 어떤 것이 바로 그것이 되게 하는 본질만을 지닌 채 주어지는 존재를 말한다. 예를 들어 나무 한 그루, 돌멩이 하나, 길 하나, 이런 것들을 생각하면 된다. 사르트르는 이것을 사실성facticité이라는 용어를 통해 지칭했다.

대자 존재는 유동적이며, 비정형적이고 역동적이다. 대자 존재는 무엇이 되었든 하여간 본질보다 앞서서 존재(실존은 그것의 본질에 선행한다)하며, 그것이 무엇일지를 그가 선택한다. 존재의 차원에서, 그것은 무無이다. 언제라도 그 자신이 현재 상태를 부정하고 스스로를 새로이 정의할 수 있다는 의미에서 그렇다는 말이다. 사르트르는 이것을 초월성transcendance이라고 불렀다.

우리 인간 존재들은 사실성인 동시에 초월성이다. 우리의 언어, 몸, 개인사, 문화, 이전의 선택, 그 외 수천의 다른 요소들에 의해서 우리는 사실성에 속한다. 하지만 우리는 우리가 원하건 원하지 않건 초월성에도 속하는데, 그건 우리가 항상 우리의 사실성으로 무엇을 할지 선택할(사실 선택을 하지 않는 것조차 선택하지 않기를 선택하는 것이다) 수 있고, 결정할 수 있기 때문이다. 사실성은 우리의 상황이 된다. 병이 났을 때 우리는 병과 어떻게 대면할지 결정할 수 있다. 고문을 받을 때, 우리는 입을 열 것인지 말 것인지 결정할 수 있고, 이런 사례는 얼마든지 많다. 전쟁 통에 사르트르는 다음과 같은 글을 남겼다.

"이렇듯 삶에서 우연한 사고는 없다. 갑자기 터져서 나를 휩쓸어가는 사회적 사건은 밖에서 오지 않는다. 내가 전쟁에 동원되면, 이 전쟁은 곧 나의 전쟁이며, 이 전쟁은 나의 모습을 반영하고, 그건 다 그 럴 만하기 때문이다. 나는 그럴 수밖에 없는 것이, 우선 나는 자살을 하거나 탈영을 해서라도 거기서 빠져나갈 수 있었으며, 이러한 궁극적인 가능태는 어떤 상황을 고려해야 할 때라면 항상 우리에게 제시되어야 마땅하다. 빠져나올 수 있었는데 그렇게 하지 않았다면, 그건 내가 그렇게 선택했다는 말이다."[10]

여러분이 언제든 주어진 자료를 부인하거나 사실성을 거부할 수 있는 이 대자 존재 앞에서 갑자기 극심한 현기증을 느낀다면, 선택하라는 요구가 당신에게 끔찍하게 보인다면(당신은 어떻게 해야 할지 정말이지 잘 모르겠기 때문에), 당신은 최초의 실존주의적 정서, 즉 자신이 사실성과 초월성이 혼합된 존재라는 것, 그럼에도 언제나 자유롭고 책임감 있는 존재라는 것을 깨달은 자의 매우 특별한 불안감을 맛본 것이다. 당신은 이제 사르트르가 남긴 무섭고도 겉보기에 모순적인 이 말을 이해할 것이다. "이제껏 우리는 독일 점령 치하에서보다 더 자유로웠던 적이 없다."[11]

이러한 자유와 책임감이 너무도 두렵기 때문에 우리의 의식은 어떤 의미에서는 스스로에게 선택의 여지가 없다고 믿으면서 그것들을 부정하기에 이른다. 사르트르의 글 가운데 예리한 몇몇 쪽은 바로 그가 "자기기만mauvaise foi"이라고 부르는 가능성을 분석하는 대목이다. 그가 말하는 자기기만이란 따지고 보면 스스로에게 거짓말을 하는, 스스로를 속이는 방식이다.

사르트르가 우리에게 소개하는 한 여인을 보자. 그 여인은 남자와 데이트에 나간다. 여인은 자기 앞에 있는 남자가 무엇을 바라는지 알고 있다. 바로 여자 자신의 사실성이다. 여인은 언젠가 자신이 결정을 해야 하는 순간이 오리라는 사실을 알고 있지만 어떻게든 그 순간을 늦추고 싶어 한다. 여인은 사람들이 자유로운 자신의 존재를 사랑해주기를 원하며, 그저 단순한 성적 욕망의 대상이 되기만을 바라지 않는다. 그래서 여인은 눈앞에 펼쳐지는 요소들을 파악하여 어떤 의미에서는 지금 진행되는 것에 대해 스스로 속아 넘어가는 방식으로 이를 재해석한다. 그게 무슨 말인지 사르트르의 설명을 들어보자.

> "누군가가 그녀에게 '나는 당신을 너무도 흠모합니다'라고 말하면, 여인은 이 문장에 담겨 있는 성적인 속뜻은 덜어내고, 상대의 말과 행동에 표면적인 의미만을, 객관적으로 드러난 의미만을 부여한다. … 이렇게 해서 상대는 여인의 손을 잡는다. 상대의 이러한 행위는 즉각적인 결정을 요구함으로써 상황을 변화시킬 우려가 있다. 잡힌 손을 가만히 내버려두는 것은 스스로 남자의 작업에 동의하는 것이다. 반대로 손을 빼낸다면 이는 황홀함을 빚어내는 순간의 마법이 지닌 불안정하면서 가슴 뛰게 하는 조화를 깨뜨리는 것이다. 그러므로 결정의 순간을 최대한 뒤로 미뤄야 한다. 그렇게 되면 무슨 일이 생기는지 우리는 알고 있다. 여인은 남자에게 잡힌 손을 가만히 내버려두지만, 여인은 자신이 그렇게 하고 있다는 사실을 알아차리지 않는다. 여인이 알아차리지 않는 것은 우연히도 그 순간에 여인은 정신 그 자체이기 때문이다. 여인은 상대 남자를 감정의 최고 능선까지 이끌어간다. 여인은 인생에 대해서, 자신의 삶에 대해서 이야기한다. 여인은 가장 본질적인 모습, 즉 하나의 인격체, 하나의 의식으로서의 자기 자신을 보여준다. 그러는 동안, 몸과 영혼의 분리가 완성된

다. 여인의 손은 무기력하게 상대 남자의 뜨거운 두 손 사이에 놓여 있다. 동의하는 것도 아니고 그렇다고 저항하는 것도 아닌 그 손, 그건 그저 사물에 지나지 않는다."[12]

사르트르는 다음과 같이 결론짓는다.

"우리는 이 여인에 대해서 자기기만적이라고 말할 수 있을 것이다. 하지만 우리는 곧 이 여인이 이 자기기만 속에 계속 머물러 있기 위해서 여러 다른 방식을 활용하고 있다는 것을 알게 될 것이다. 이 여인은 상대 남자의 행동을 즉자 존재로 환원시킴으로써, 다시 말해서 그 자체의 양상대로 존재하게 만듦으로써 무장을 해제시켰다. 그러면서도 이 여인은 남자의 욕망을 본래 모습 그대로 포착하지 않는 한도 내에서, 그러니까 이 여인이 그 욕망의 초월을 인지하는 한도 내에서 그것을 향유하도록 스스로에게 허락했다. 그리고 마지막으로, 자신의 몸의 현존을 깊이 느끼면서도 여인은 그 몸을 자신의 몸이 아닌 것으로 이해하고, 높은 곳에서, 마치 여러 사건들이 일어날 수 있으나 결코 그것들을 촉발하거나 회피할 수 없는 소극적인 대상을 바라보듯, 그 몸을 관조한다. 그런 수동적인 몸에게 모든 가능성은 몸의 바깥에 있기 때문이다. 우리는 자기기만의 이 같은 여러 다양한 양상들 중에서 어떤 통일성을 찾아낼 수 있는가? 자기기만은 모순되는 개념들을 형성하는 것, 그러니까 어떤 개념과 그 개념을 부정하는 또 다른 개념을 결합시키는 기술이다."[13]

자기기만은 아주 독특한 현상이다. 거짓말쟁이와 그 거짓말쟁이

가 거짓말을 늘어놓는 대상이 하나이자 동일한 사람이기 때문이다. 그리고 거짓말쟁이는 자신의 거짓말을 믿으면서 동시에 완전히 믿지 않는다는 점도 독특하다. 우리 각자는 이렇듯 초월성과 사실성 사이에서 줄타기를 하면서 자신이 처한 상황을 누린다.

사르트르가 제시한 유명한 자기기만의 두 번째 사례는… 어라, 벌써 카페 드 플로르에 도착했네. 이 두 번째 사례에 관해서는 사르트르와 함께 지금 당신 앞에 서 있는 이 카페 직원을 살펴보자. 엄밀한 의미에서, 이 직원은 테이블이 테이블인 것과 같은 본질적 의미에서의 카페 직원은 아니다. 그는 말하자면 대자 존재이며, 그가 카페의 직원인 것은 그 자신이 그렇게 하기로 동의했다는 이유 한 가지의 결과일 뿐이다. 그는 지금 즉시 앞치마를 벗어 던질 수 있으며, 이는 군인이 탈영을 하거나 자살을 할 수 있는 것과 마찬가지다. 직원은 본인이 카페 직원이 되기로 선택했으며, 그 말은 곧 자신이 아닌 것이 되기로 선택했다는 뜻이다. 그러니까 어떤 것이 되고 동시에 그것을 부정하기로 선택했으며, 그의 모든 행동은 이러한 태도 속에 함축되어 있는 일정 비율의 자기기만을 고스란히 보여준다. 이 직원은 자신이 실제로는 그렇지 않다는 걸 잘 알면서도 그런 척 함으로써 카페 직원, 즉 이 세상에서 주어진 한 요소, 그 자체 존재로서의 역할을 이행한다. 이것이 바로 자기기만이다.

사르트르는 이렇게 말한다.

"이 카페 직원을 보자. 그는 동작이 경쾌하고 확실하며, 어쩌면 지나칠 정도로 정확한 데다 너무 신속하기도 하다. 그는 약간 지나치게 활발한 걸음걸이로 소비자들에게 다가가서, 약간 지나치게 서두르는 듯한 태도로 고개를 숙인다. 그의 목소리며 눈길은 약간 지나치게 고객의 주문을 부추기겠다는 결연함으로 가득 차 있다. 아, 그가 다시 손님에게 돌아오는데, 일종의 무모한 줄타기꾼 같은 꼿꼿한 자세로 쟁반을 들고 바삐 걸어오는 모습이, 뭐랄까 로봇 같이 어색하다고 할까. 매순간 불안정하고, 언제라도 기우뚱거리다가 쟁반을 들지 않는 나머지 팔과 손을 가볍게 움직여 그때그때 균형을 잡는다. 그의 이 모든 동작이 우리에게는 일종의 놀이 같아 보인다. 그는 마치 그것들이 서로가 서로를 부르는 기제라도 되는 양 자신의 동작들을 끊어뜨리지 않고 이어가려 애쓴다. 그의 몸짓이며 표정, 심지어 목소리까지 모두 그 기제의 일부분인 것처럼 보인다. 그는 날래고 가차 없이 신속하게 일을 해치운다. 그는 말하자면 연기를 하고, 이를 즐긴다. 그런데 그는 도대체 무슨 연기를 하는 걸까? 그 대답을 알기 위해서라면 그를 너무 오래 관찰할 필요도 없다. 그는 카페 직원 역할을 하고 있는 중이니까."[14]

자, 내 이야기는 이쯤에서 멈춰야겠다. 테이블에 앉을 시간이 되었으니 말이다.

주

1. 티머시 코필드,『기네스 펠트로가 그렇게 잘못했나? 유명 인사를 추종하는 문화와 과학이 충돌할 때』, 토론토, 펭귄 캐나다 북스, 2015년.

2. 라루스 의학사전, 이브 모랭이 지도 편찬, 파리, 라루스, 2003년.

3. 제시카 R. 비시키르스키 외Jessica R. Biesiekierski et autres, "발효성, 저흡수성인 짧은 사슬 탄수화물의 섭취를 줄인 후 글루텐 민감성 환자가 스스로 보고한 글루텐의 효과 없음No Effects of Gluten in Patients With Self-Reported Non-Celiac Gluten Sensitivity After Dietary Reduction of Fermentable, Poorly Absorbed, Short-Chain Carbohydrates", 《가스트로엔테롤로지 Gastroenterology》지, 통권 145호, 2013년 8월 2호, 320~328쪽.

4. 해리엇 홀, "음식 신화 : 과학이 다이어트와 섭생에 관해 아는 것", 《스켑틱》지, 통권 19호, 2014년 4호, 10~19쪽.

5. 퀘벡국립공공보건연구소, "PSMA 활용과 관련한 득실", 퀘벡, INSPQ, 2008년, 38쪽. 요약본은[www.exenso.org/article/dietes-populaires-les-risques-pour-la-sante-des-regimes-restrictifs]에서 열람할 수 있음.

6. 엘렌 바리보, "구석기 식 다이어트", 2014년 12월. [www.passeportsante.net/fr/Nutrition/Regimes/Fiche.aspx?doc=paleolithique_regime]

7. 해리엇 홀, loc. cit.

8. Ibid.

9. 샬롯 N. 마키Charlotte N. Markey, 『영리한 사람들은 다이어트를 하지 않는다 : 최신 과학은 어떻게 당신이 영구히 날씬해지도록 도울 수 있는가Smart People Don't Diet : How the Latest Science Can Help You Lose Weight Permanently』, 보스턴 (MA), 다카포 프레스 라이프롱 북스, 2014년; 트라시 맨Traci Mann, 『먹기 실험실의 비밀 : 체중 감소의 과학, 의지력의 신화, 그리고 왜 당신은 절대 다시는 다이어트를 하면 안 되는가Secrets from the Eating Lab : The Science of Weight Loss, the Myth of Willpower, and Why You Should Never Diet Again』, 뉴욕, 하퍼 웨이브, 2015년.

10. 장-폴 사르트르, 『존재와 무 : 현상학적 존재론 에세이L'être et le néant : essai d'ontologie phénoménologique』, 파리, 갈리마르, '텔' 총서, 1976년, 599쪽.

11. 장-폴 사르트르, "침묵의 공화국La République du silence", 《레 레트르 프랑세즈Les Lettres française》지, 1944년 9월 9일 자.

12. 장-폴 사르트르, 『존재와 무』, op.cit., 90쪽.

13. Ibid.

14. Ibid., 94쪽.

식탁에서 나누면 좋을 대화 주제

①

초대 손님 각자에게 특별한 다이어트 식에 부응하는 음식을 각각 다르게 대접해보자. 이렇게 하려면 약간 더 많은 수고가 필요하지만, 그건 당신이 그만큼 손님 접대를 잘 할 줄 안다는 증거가 될 테고, 식탁에서 기적의 요법들에 대해 그 어느 때보다도 열띤 토론이 이루어지는 기회가 될 것이다.

②

살면서 언젠가 한 번쯤은 이런 저런 다이어트를 해보았으면서 남에게는 절대 털어놓지 않은 경험이 없는 사람이 있을까? 이제 초대 손님 각자에게 비밀을 고백하고 과거의 그 경험을 남들과 공유할 순간이 왔다.
충격적이거나 웃음을 폭발시키는 일화들이 쏟아져 나올 것이다.

③

선험적으로, 건강을 위해서는 그다지 권유할 만하지 않은데, 어찌된 일인지 도저히 밀리할 수 없는 식쭘이 있고, 당신이 아무리 노력을 해도 끊을 수 없다면? 그 사실을 이런 기회에 털어놓는다면, 분명 거기 모인 다른 사람들이 당신이 그 '나쁜' 습관을 떨쳐내도록 도움을 줄 수 있을 것이다!

④

간단한 집단 훈련을 해보자. 친구들끼리 진수성찬을 나눠 먹는 동안, 여럿이 함께 이상적인 섭생에 대한 정의를 내려 보자. 여기서 제시된 결과를 기록해 두고 다음번에 똑같은 구성원들이 다시 모일 때까지 그 내용을 실천해본다. 이렇게 하면, 어디까지나 친구들과 놀이를 하는 중이라는 사실을 인식하면서, 편안한 마음으로 각자 자신의 성실성과 의지를 확인해볼 수 있다!

이 주제에 관해 읽을 만한 책

→ 티머시 코필드Timothy Caufield, 『기네스 팰트로가 그렇게 잘못했나? 유명 인사를 추종하는 문화와 과학이 충돌할 때Is Gwyneth Paltrow Wrong About Everything? : When Celebrity Culture and Science Clash』, 토론토, 펭귄 캐나다 북스, 2015년.

→ 매트 피츠제럴드Matt Fitzgerald, 『다이어트 컬트 : 유행하는 섭생 방식의 핵심에 자리한 놀라운 기만과 미국의 나머지 지역에서 건강한 식생활을 하기 위한 가이드Diet Cults : The Surprising Fallacy at the Core of Nutrition Fads and a Guide to Healthy Eating for the Rest of US』, 뉴욕, 페가수스 출판사, 2014년.

→ 장-폴 사르트르, "실존주의는 휴머니즘이다L'existentialisme est un humanisme." 이 텍스트는 아래의 사이트에서 읽을 수 있다. [www.danielmartin.eu/Textes/Existentialisme.htm]

10

스토아주의적 소스로 버무리자

먹는 건 좋지,
그런데 어떻게
먹어야 할까?

각 문화마다 고유한 섭생 관습과 세계보건기구에서 권유하는 사항,
이른바 다른 것들보다 건강에 훨씬 낫다고 자처하는 식품들,
예전부터 있었거나 영양학자들이 최근에 새로이 발견했다고 하는
각종 다이어트 방법들이 난무하는 가운데,
솔직히 뭘 어떻게 해야 좋은 건지 알기란 매우 어렵다.
아폴론적으로 먹어야 할까, 디오니소스적으로 먹어야 할까?
그러니까 간단히 말해서 우리는 우리가 먹을 음식을
머리로 택해야 할까, 가슴으로 택해야 할까?
엄청나게 영리한 꾀돌이가 아니고서는 이 질문에 자신 있게
대답하기 힘들다. 지금 상태 그대로의 식생활 세계와
매일 우리 식탁에 오르는 식품을 어떻게 화해시킬 것인가?
엄청나게 영리한 꾀돌이도 못 되면서 이 질문에 답하기 위해서는
금욕주의 경향을 보이는 스토아 철학자들의 이야기에
귀를 기울여보는 것도 좋을 듯하다.

"바닥에 쪼그리고 있지 말라! 그렇다고 너무 높이 몸을 일으켜 세우지도 말라! 세상은 중간 높이에서 가장 아름답게 보이므로."

—프리드리히 니체(Friedrich Nietzsche)

철학적으로 먹기

철학은 흔히 육체와는 분리된 대단히 사변적인 활동으로 인식되며, 그 실용적인 가치는 아주 제한적이라고 여겨진다. 그러나 철학 역사의 전문가인 피에르 아도Pierre Hadot(1922~2010년)가 지적했듯이, 고대 시대에 철학은 무엇보다도 생활의 방식이었으며, 이러한 관점은 스토아학파와 특히 잘 부합했다.

오늘날 바로 이러한 이유 때문에 스토아 철학이 새삼스럽게 각광을 받고 있다. 그 증거로 영국의 엑서터 대학에서 해마다 스토아 철학 주간Stoic Week을 개최하며, 이 행사에 전 세계 많은 사람들이 몰려온다는 사실을 꼽을 수 있다. 인터넷을 통해서도 누구나 참여할 수 있는 이 행사는 스토아 철학이 내세우는 개념들을 일상에서 재발견하고 이를 실천하는 것을 목표로 삼는다.

이뿐 아니라, 인지행동치료Thérapies Cognitivo-Comportementales : TCC의 설계자인 앨버트 엘리스Albert Ellis와 아론 T. 벡Aaron T. Beck은 스토아 철학이 그들에게 영감을 준 주요 원천 가운데 하나라고 치켜세웠으며, TCC는 가장 효과가 좋은 심리 치료 가운데 하나로 인정받는다.

그 때문에 이런저런 스토아 철학적 직관이 정당하다는 생각이 들 수밖에 없는데, 그중에서도 특히 우리의 감정은 우리의 사고, 우리의 믿음과 연결되어 있다는 중심 사상에 관해서는 더욱 그러하다. 스토아 철학이 표방하는 개념들은 또한, 왜 아니겠는가, 우리가 우리 자신이 선택한 이상향에 부응하는 방식으로 식품을 먹을 수 있도록 도와준다. 그리고 이와 같은 선택을 한 사람들이 섭생과 관련하여 홍수처럼 쏟아지는 각종 권유의 함정에 빠지지 않도록 경계해준다.

스토아주의적인 요리사들

스토아 철학이라는 이름은 창시자인 키티온의 제논Zenon(기원전 335~264년)이 아테나에서 제자들을 가르치던 주랑을 가리키는 말인 stoa에서 유래했다.

이 철학은 그 시작부터 논리학을 포함했는데, 당시로서는 매우 앞선 개념들을 가르쳤으므로, 그 진가는 오랜 시간이 흐른 뒤에야 현대 수학 논리와 함께 제대로 빛을 냈다.

로마 시대에 들어와서 스토아 철학은 굉장한 인기를 얻었는데, 이렇듯 스토아 철학의 중흥을 이룬 주역으로는 루키우스 안나이우스 세네카Lucius Annaeus Seneca(4~65년), 무소니우스 루푸스Musonius Rufus(30~100년), 에픽테토스Epiktetos(50~130년경), 마르쿠스 아우렐리우스Marcus Aurelius(121~180년), 이렇게 네 명을 꼽을 수 있다.

변호사이자 극작가였던 세네카는 로마의 정치계에 매우 깊숙이 관여했다. 서기 49년, 그는 훗날 황제가 된 네로Nero의 가정교사 자리에도 올랐다. 그는 많은 저작을 남겼는데, 그중에는 논문들도 있지만 스토아 철학자다운 기운이 물씬 풍기는 서신들도 상당 부분을 차지한다.

루킬리우스Lucilius라는 이름을 가진 젊은 벗에게 보낸 편지들은 실용적인 매우 다양한 주제를 다루고 있어서 흥미롭다. 그 외에도 그가 편지에서 언급한 수십 가지 주제들로는 선행, 파렴치, 인정, 술버릇, 사치, 인색함 그리고 죽음의 공포 등을 꼽을 수 있다.

대중의 총애를 잃은 그의 전 제자 네로 황제가 세네카에게 자살할 것을 명하자 그는 스토아 철학자다운 의연함으로 그렇게 했다고 전해진다.

세네카에 비해서 오늘날에는 훨씬 덜 알려졌으나, 루푸스는 당시만 해도 대단히 유명하고 칭송받는 사상가였다. 율리아누스 황제는 그를 심지어 소크라테스에 비견할 정도였다. 루푸스는 끊임없이 일상 속 철학 실천의 중요성을 강조했으며, 이 점에서 그는 다른 스토아 철학자들과 궤를 같이 한다. 그는 아마 글이라고는 남기지 않은 것으로 알려져 있으나, 그의 가르침을 받은 제자들이 그의 견해를 편찬함으로써 우리에게 전해지게 되었다.

루푸스의 제자였던 에픽테토스는 고대가 낳은, 아니 모든 시대를 통틀어 가장 위대한 인간성 탐구가 가운데 한 명으로 꼽힌다. 네로의 노예였다가 자유의 몸이 된, 이른바 해방 노예로서 68년 무렵에 해방된 그는 절름발이였다. 고문 기구로 그의 다리를 고문하는 주인

에픽테토스

에게 에픽테토스가 침착하게 다음과 같은 말로 경고를 했다는 일화가 전해진다. "그러다가 아주 다리를 부러뜨리겠네요." 정말로 맥없이 다리가 부러지자 그가 또 말했다. "그러기에 내가 말하지 않았습니까, 그런데 정말로 부러뜨리셨네요." 에픽테토스도 글이라고는 남기지 않았

으나, 제자 한 명이 그와의 대담집인 『담화록Entretiens』과 그의 생각을 정리한 일종의 교과서 격의 책 『엔키리디온Enchiridion』을 보존했다. 에픽테토스 역시 철학에 관한 한 윤리에 집중하는 매우 실용적인 견해를 지니고 있었다.

마지막으로, 마르쿠스 아우렐리우스는 로마 제국의 황제였다. 이러한 사실은 스토아 철학의 매력이 얼마나 사회 각층에 폭넓게 확산되어 있었는지를 보여준다. 노예에서 황제에 이르는 여러 계층에 스토아 철학을 신봉하는 자들이 포진하고 있었던 것이다. 그의 『수상록』은 전쟁이 한창이던 시기에 작성된 일종의 철학 일기로, 저자는 그곳에 자기 자신을 상대로 충고와 격려를 늘어놓는다. 요컨대 그의 저서 또한 덕망 있는 삶으로 이끌어주는 실천에 관한 책이다.

무소니우스 루푸스의 식단

무소니우스 루푸스의 사상은 그의 강의에서 잘 드러나는데, 그중에서 열여덟 번째 강의는 정확하게 음식에 관한 그의 생각을 다루고 있으며, 이 주제를 대하는 그의 태도는 매우 진지하다. 루푸스에 따르면, 검소함에 대한 학습은 가장 기본적인 덕목이라고 할 수 있는 절제심을 키워나가는 데 매우 중요하다. 음식을 통해서 신체에 양분을 공급하는 일은 반드시 필요하며, 양분 공급은 다름 아닌 소화를 통해 이루어지는데, 이 과정은 쾌락과는 무관하다. 우리가 음식물 소비를 통해서 얻는 즐거움은 필수적이 아니며, 오히려 위험할 수도 있다. 쾌락은 식탐이라는 무절제로 이어질 수 있으며, 더 나아가서 음식을 준비하고 이

마르쿠스 아우렐리우스의 기마상

를 제공함에 있어서, 또 건강에 유해한 음식 섭취에 대해서 과도하게 염려하도록 만들 수 있기 때문이다. 이러한 무절제에 저항하는 것은 어렵지만 매우 중요한 일이다.

이를 달성하기 위해서, 루푸스는 유제품을 허용하는 채식주의(육류 섭취는 금한다), 즉 꿀, 제철 과일 및 채소, 치즈와 곡물 등 값이 비싸지 않으며 손쉽게 구할 수 있고 되도록 조리하지 않은 식품들로 이루어진 식단을 권한다.

내면의 성채

우리는 흔히 스토아 철학과 그것의 세 분야, 즉 논리학과 윤리학, 그리고 물리학을 달걀로 소개하곤 하는데, 이 비유는 고대에서도 이미 사용되던 방식이다.

달걀의 제일 바깥쪽, 즉 껍질은 논리학을 나타내는데, 이는 가치 추론에 관학 학문 외에 우리가 오늘날 인지론이라고 부르는 분야까지 포함한다. 달걀의 흰자 부분은 윤리학에 해당되며, 이 학문은 어떻게 해야 개인 차원에서 또 공동체 차원에서 잘 살 수 있는지를 탐구한다. 이런 의미에서 윤리학은 우리가 정치적인 것이라고 부르는 요소들까지도 함축한다. 마지막으로 노른자 부분은 물리학으로, 스토아 철학자들은 이를 오늘날의 우리가 우리의 학문적 총체를 통해서 얻는, 지식으로 간주하는 것이라고 여겼다.

이 세 가지 분야는 각각 인간의 삶의 한 차원과 관련을 맺고 있으며, 거기에 부응하는 하나의 덕목을 지닌다. 2004년 이후 줄곧 스토아

철학자의 식탁

철학의 가르침에 따라 생활하고자 애쓰고 있는 철학자 마시모 필리우치Massimo Pigliucci는 인간 삶의 영역(욕망, 행동, 동의)과 스토아 철학의 탐구 영역(논리학, 윤리학, 물리학) 그리고 그 각각과 관련 있는 덕목(용기와 절제, 정의, 실용적 지혜) 사이의 관계를 드러내 보임으로써 영리하게 이 모든 자료를 통합했다. 필리우치는 거기에 모든 것을 요약하는 스토아 철학적 좌우명까지도 덧붙인다.

일상 언어로는 스토아주의자를 외부에서 일어나는 사건들 앞에서 동요하지 않는 사람쯤으로 묘사한다. 스토아주의자들이 이처럼 주변 상황에 의해서 동요되지 않는 내적 평정심을 갈망하는 것은 사실이다. 하지만 그렇다고 해서 그들이, 사람들이 흔히 말하듯, 〈스타트렉〉의 등장인물 미스터 스팍Mr.Spock(이 인물을 창조한 사람은 스토아 철학에 대한 그릇된 이해에서 영감을 받았다고 한다)처럼 아무것도 느끼지 않는 무관심한 사람들인 건 아니다. 그렇지만 그들이 자신들이 느끼고자 선택하지 않은 감정에 의해 지배당하기를 거부하는 것은 사실이다. 스토아주의자들은 긍정적인 감정(예를 들어 타인에 대한 염려, 인류애 등)은 부추기면서 부정적이며 마음에 동요를 일으키는 감정(분노, 시기, 증오…)에는 대항해서 싸운다.

이들에 따르면, 스토아 철학의 목표는 덕망 있는 삶을 사는 것으로, 그것이 곧 지고의 선이다. 다른 것들, 그러니까 대다수의 사람들이 일상적으로 탐하는 것들(경력, 돈, 영예…)은 근본적으로 이래도저래도 좋은 것에 해당된다. 다시 말해서 그것들은 전적으로 우리의 능력 안에 있는 것이 아니며, 그런 것들이 반드시 덕망 있는 삶으로 이끌어주지도 않는다는 의미에서 그렇다는 말이다. 그리고 설사 그런 것들이 건강이나 친구들과의 우정처럼 진정한 선이라고 할지라도, 그것들이 여전히 아무리 그와 반대되는 것들보다 선호되는 것이라고 할지라도, 이래도 저래도 좋은 것에 불과하다.

보다 자세히 이 사고 체계 속으로 들어갈 것 없이, 스토아 철학의 주요 사상과 연계되어 있는 가장 구체적인 양상 가운데 하나를 살펴보는 것도 나쁘지 않다. 피에르 아도가 더 나은 표현을 찾지 못해 아쉬운 대로 '영적 훈련exercices spirituels'이라고 부른 것을 실천하다 보면 우리도 외부 사건에 직면해 우리가 보이는 자발적 반응에 대해 거리를 둘 수 있게 된다. 그 사건들을 있는 그대로 볼 수 있는 거리, 그러니까 그것이 인상이고 개념일 뿐 현실이 아님을 깨달을 수 있는 거리 말이다.

이처럼 소중한 분리를 염두에 두게 되면 우리는 우리 자신에게 달린 것(우리의 반응과 생각. 이것들은 우리가 바꿀 수 있다)과 그렇지 않은 것을 분간할 수 있게 된다. 좀 더 명확하게 말하자면, 주어진 어떤 활동(도박, 섭생…)에 있어서 이러한 분류를 적용할 경우, 그 활동과 관련한 내적인 목표가 무엇인지를 스스로 정하게 되며, 그 목표는 우리 자신에게 달려 있으므로 달성할 수 있게 된다. 가령, 멋진 승부를 보여주면 그뿐, 반드시 이기는 것이 목표가 아닐 수 있는 것이다.

이런 식으로 우리는 차츰차츰 피에르 아도가 '내면의 성채'라고 부른 것을 쌓아간다.

잘 먹기 또는 잘못 먹기

섭생과 관련해서 스토아 철학에는 시험에 들 만한 딜레마가 상당히 많다. 이럴 경우 바람직한 결정을 내리는 일이 항상 자명할 수만은 없다.

예를 들어보자. 우리가 두 가지 음식 사이에서 하나를 선택해야 하는 상황에 놓여 있다고 하자. 더도 아니고 딱 두 가지, 즉 푸틴(캐나다 퀘백 주의 음식으로, 감자튀김에 그레이비 소스와 치즈를 함께 넣어 만든다—옮긴이)이냐 기름기 적은 고기 패티를 넣은 햄버거냐 중에서 하나를 선택해야 하는 것이다.

논리적으로만 생각한다면, 우리는 당연히 주의를 해야 한다. 왜냐하면 푸틴은 건강에 치명적이라는 평판이 자자한 음식이니 말이다. 윤리적인 측면에서도 할 말이 있으니, 붉은 살코기로 된 패티의 소비는 새삼 동물의 목축 환경 따위를 언급할 필요도 없이 환경에 해를 입히는 것이다. 그렇다면 물리학적인 측면에서는 어떠한가. 이 관점에서는 앞의 두 측면과는 달리 칼로 무 베듯 딱 잘라 말하기 어렵다. 실제로, 붉은 살코기를 먹으면 암은 물론 심혈관 계통 질환의 원인이 된다고 보고하는 연구들이 무수히 많은데, 기름기가 너무 많은 푸틴 쪽도 건강을 위협한다는 연구가 만만치 않게 많다.[1] 요컨대 우리의 문제는 전혀 진전이 없는 채 여전히 제자리에서 맴돈다는 말이다! 이런 상황에 직면했을 때, 그러면 우리는 먹지 말아야 한단 말인가? 그런데 스토아 철학의 가르침에 입각하면, 그마저도 확실하지 않다.

스토아 철학은 감각 지향적(감각은 진실이다)이면서 동시에 합리주의적(과학은 이성에 토대를 두고 있다)이고, 의지주의적(모든 인식은 의지적인 판단을 전제로 한다)인 인식에 토대를 두고 있다. 출발이 그렇다면, 자유행동이란 운명에서 벗어나는 행동이 아니라, 충분한 이해를 바탕으로 거기에 순종하는 행동이 된다. 때문에 세네카는 "운명은 거기에 동의하는 자를 안내하며, 거기에 저항하는 자 또한 데려간다"[2]고 말했다.

생존자

1967년. 한 남자가 피투성이가 된 채로 베트남의 한 감옥에서 발견되었다. 제임스 본드 스톡데일James Bond Stockdale이라는 이 남자는 미국 공군 소속 조종사였다.

1961년, 조종 칸에서 스무 해를 보낸 서른여덟 살의 스톡데일은 스탠포드 대학에서 중단했던 학업을 계속하기로 결심한다. 그는 재무기획자로 펜타곤에 들어가서 일하고 싶었으나, 대학에서 받는 수업은 상당 부분이 외교정책에 관한 내용인 탓에 적잖이 실망한다. 동료 학생들에 비해 나이도 많은 데다, 군대에서 이미 풍부한 경험을 쌓은 터라 다른 학생들에 비해 그 분야에 대해 아는 것이 많았으므로, 그에게는 수업이 덜 흥미로운 것이 사실이었다.

그렇긴 해도 이듬해인 1962년 그는 큰 기대 없이 2학년 과정을 시작한다. 학기 초, 철학과 주변을 어슬렁거리던 그는 필립 라인랜더Philip Rhinelander 교수와 만나게 된다. 라인랜더 역시 제2차 세계대전 때 군복무를 한 경험이 있던 터라 두 남자는 급속도로 가까워진다. 라인랜더는 스톡데일에게 '신과 악마의 문제'라고 이름 붙인 자신의 강의를 수강할 것을 제안한다. 학기가 이미 시작한 터라, 앞의 놓친 부분은 자기 집에서 보충해주겠다는 친절도 베푼다. 그러면 다음 학기부터 강의를 듣는 데 문제가 없을 테니까.

그 후 스톡데일은 정기적으로 라인랜더의 집을 찾았고, 교수는 그에게 플라톤, 아리스토텔레스, 흄, 칸트 등을 비롯한 다른 많은 철학가들의 사상을 소개해주었다. 덕분에 스톡데일은 단시일 내에 진도를 따라잡을 수 있었고, 그러면서 관심사를 슬그머니 국제정치에서 철학으로 바꾸었다.

마지막 개인 교습 때, 라인랜더 교수는 제자와 작별을 하면서 서가에서 책 한 권을 뽑아 그에게 건넨다. 바로 에픽테토스의 『엔키리디온』이었다('엔키리디온'은 그리스어로 교과서를 뜻한다).

스톡데일이 어쩌나 열정적으로 그 책을 읽었던지 에픽테토스는 그의 인생에서 가장 중요한 작가로 등극한다. 그는 그때까지만 해도 그 독서가 훗날 자신의 삶에서 얼마나 큰 역할을 하게 될지 전혀 모르는 상태였다.

학위를 받은 그는 다시 조종사로 복귀한다. 1965년 9월 9일, 베트남 북부에서 임무를 수행하던 중에 스톡데일은 전투기에서 튕겨 나가 작은 마을에 추락하게 되고, 추락과 즉시 포로가 된다.

7년 반 동안 계속된 포로 생활 동안 그는 끊임없이 고문과 매질에 시달리고 모욕을 받으면서 제대로 된 치료라고는 한 번도 받지 못했다. 1973년 2월 12일, 마침내 자유의 몸이 된 그는 그 모든 시련을 에픽테토스 덕분에 견딜 수 있었다고 기회가 있을 때마다 반복적으로 증언했다. 에픽테토스의 스토아 사상이 끔찍한 적대감 속에서도 존엄성을 잃지 않도록 도와주었다는 말이었다.

출처 : 제임스 본드 스톡데일, 『철학하는 전투기 조종사의 생각Thoughts of a Philosophical Fighter Pilot』, 스탠포드(CA), 후버 인스티튜트 출판부, 1995년.

섭생의 딜레마

푸틴과 햄버거 사이의 선택은 그러므로 아주 간단하다. 다른 한쪽보다 더 나은 한쪽은 없으므로! 오직 자신에게 더 진실된 것, 더 좋은 것을 택하는 개인의 역량만이 중요하며, 바로 이 대목에서 이 문제는 매우 흥미롭고 실용적인 문제가 된다. 좋은 것을 겨냥하면서 각자는 진실과 의지를 활용하여 자신의 운명에 적응한다. 푸틴 또는 햄버거라는 상황에 직면하여 마르쿠스 아우렐리우스의 대답은 간단하다. "너에게 여전히 너 자신에 대한 염려가 남아 있다면, 가능할 때 너 자신을 구하라."[3]

꼭 먹어야 할 것, 괜찮다면 먹을 것, 많이 먹지 말 것?

『다이어트 컬트Diet Cults』에서 매트 피츠제럴드Matt Fitzgerald는 다음과 같이 10개의 범주로 구분한 식품 목록을 제시한다. 이는 영양 면에서 우수한 순서로 정리된 목록이다.

— 채소
— 과일
— 견과류, 씨앗, 좋은(건강한) 기름
— 육류와 질 좋은 해산물
— 통곡물
— 유제품
— 정제된 곡물
— 육류와 품질이 덜 좋은 해산물

— 당류

— 튀긴 음식[4]

그에 따르면, 제일 윗자리를 차지한 두 개의 범주에 속하는 식품들은 반드시 섭취해야 한다. 그만큼 필수적이기 때문이다. 최적화된 건강 상태를 유지하기 위해서는 이러한 식품들을 풍부하게 먹어야 한다.

그 뒤를 잇는 네 개의 범주에 속하는 식품들은 권장할 만하며, 그것들을 섭취하면 우리에게 득이 된다. 특별히 그렇게 하지 않을 만한 이유가 있지 않는 한(가령 육류 섭취를 하지 않겠다는 윤리적인 이유라거나 의사의 권고), 식단에 이 식품들을 올리면 좋다.

그 나머지 네 개의 범주는 받아들일 만한 수준이다. 거기 속하는 식품들은 소량만 섭취할 경우라면 부정적인 효과가 없겠으나, 다량으로 섭취하면 건강에 유해할 수도 있다.

자신의 고유한 조각을 새기기 위한 영적 훈련

아침 묵상

아침에 혼자 조용한 곳을 찾아서 10여 분가량 자신의 하루를 그려보며 혹시 마주치게 될 지도 모를 어려움과 그 어려움을 해결하기 위해서 필요한 덕목들을 생각해본다.

프라이메디타티오 말로룸praemeditatio malorum(부정적 시각화)

가장 최악의 경우를 상상하여 거기에 미리 대비하는 훈련을 뜻한다. 이를 통해서 스토아주의자들은 오늘날 우리가 적대감을 통한 치료라고 이해하는 것의 이점을 미리 내다보았다. 이렇듯 최악의 시나리오를 가정하면, 우리는 우리가 현재 가진 것에 기꺼이 감사하게 된다.

히에로클레스Hierocles의 원

이 훈련의 원리는 원과 그 한가운데 있는 자신의 모습을 시각화하여 자신으로부터 출발하여 점진적으로 그 원을 확대시켜나가면서 그 안에 가족과 친구, 자기가 사는 도시, 나라, 마지막으로 모든 인류를 다 집어넣어가는 것이다. 이러한 훈련을 통해서 기대할 수 있는 효과는 자신이 전체의 한 부분임을 이해하고, 그럼으로써 각자에게 일어나는 일을 상대화하는 역량을 기르는 것이다.

도덕적 가치

스토아주의자들은 우리가 내리는 모든 결정(무엇을, 언제 어디서 누구와 먹는지 따위)에는 도덕적인 차원이 따르게 마련이므로 이 점에 대해서도 생각해야 한다고 일깨워줌으로써 오늘날 우리가 '마음 챙김'이라고 부르는 것을 미리 예견했다.

스토아 철학의 명언

너는 네가 원하는 시간에 네 안으로 침잠할 수 있다. 그 어디에서도 인간은 그보다 더 평온하고, 세상만사에 의해 그보다 덜 동요하는 곳을 찾을 수 없다(마르쿠스 아우렐리우스).

나르키소스Narcissus, 미켈란젤로 메리시 다 카라바조Michelangelo Merisi da Caravaggio가 1597년에 그린 그림 (로마의 국립고미술박물관)

물에 비친 자신의 모습에 넋을 잃은 이 인물은 겉모습 너머를 보지 못한다. 스토아주의는 이와 반대로 자신에서 출발해서 점차 관점과 시야를 확대해나가며 절제와 신중함을 배양해나가도록 이끈다.

세상일들의 더러는 우리에게 달려 있고, 더러는 그렇지 않다. 우리에게 달려 있는 일들이란, 의견이나 경향, 욕망, 적대감 등이다. 한 마디로 모두 우리가 빚어내는 결과물이다. 우리에게 달려 있지 않은 일들이란 몸과 재화, 명성, 존엄성 등이며 이는 한 마디로 우리가 빚어내는 결과물이 아니다(에픽테토스).

인간을 동요하게 하는 것은 사물이 아니라 그가 사물에 대해서 내리는 판단이다(에픽테토스).

앞으로도 수백만 년씩 살 수 있을 것처럼 행동하지 말라. 피할 수 없는 빛이 네 머리 위에 매달려 있다. 네가 사는 동안, 네가 아직 할 수 있는 동안, 선한 사람이 되어라(마르쿠스 아우렐리우스).

절제

스토아 철학자들이 말하기를, 자신을 통제하는 절제란 마치 근육과 같아서 늘 단련시켜야 한다. 그러기 위해서는 자발적으로 쾌락(음료, 식품 등)을 금하거나 커다란 희생(예를 들어 자진해서 배고픈 상태를 유지한다)을 감수해야 한다.

유보 조항

하나의 행동이 결정되면 일이 계획대로 진행되지 않을 수도 있음을 미리 상상하고, 그럼에도 자신의 선택에 충실한 가운데 평정심을 유지해야 한다. 세네카는 다음과 같이 말했다.

"그렇기 때문에 우리는 현자에게는 그가 예상하지 않은 일이란 아무것도 일어나지 않는다고 말하는 것이다. 우리는 인간의 역경으로부터 벗어난 것이 아니라 인간의 실수로부터 비껴서 있는 현자의 모습을 본다. 그에게 있어서 모든 것은 그의 의지가 아닌 그의 예상에 따라 마무리된다. 그런데 그가 주로 예상하는 것은 언제든 장애물이 그의 계획을 어긋나게 할 수 있다는 점이다. 미리부터 성공이 확실하다고 믿지 않았을 때, 우리의 영혼이 실망으로 인한 고통을 덜 심각하게 느끼리라는 건 필연적이다."⁵

저녁 묵상

하루를 명상으로 마무리한다. 이 시간은 그날 하루 자신이 한 좋은 일(스스로를 징찬하기 위해), 나쁜 일(명심하고 주의하기 위해)에 대해 성찰하고 왜 그랬는지 그 이유를 반성해보는 기회다. 또한 잊어버리고 하지 못한 일과 그 이유에 대해서도 생각해본다. 저녁 묵상의 목적은 이 모든 것으로부터 교훈을 얻는 데 있다. 이 명상은 10분에서 15분 정도 걸린다.

치명적인 지각

"세상일들 더러는 우리에게 달려 있고, 더러는 우리에게 달려 있지 않다." 노상 일에 치여 사는 상당수의 요리사들에게는 화덕에 한창 불이 달아오르는 무렵에 누군가가 그들의 귀에 에픽테토스의 이 격언을 속삭여줄 필요가 있을지도 모르겠다. 그런 요리사들 중에 한 명은 분별력과 스토아주의자적인 지혜와 의연함이 부족하여 본의 아니게 유명해졌다.

1671년 4월 24일. 출장 요리사 겸 파티쉐로 프랑스 태양왕 루이 14세의 연회 책임자였던 프랑수아 바텔François Vatel은 3천 명의 손님을 초대한 콩데 공의 연회를 위해 주문한 생선의 배달이 늦어지자 이를 참지 못하고 그만 긴 칼로 자기 배를 쩌르고 말았다. 그는 이 업자의 '파렴치함'을 견딜 수 없었던 것이다. 딱하기도 해라, 쯧쯧…. 비극이 진행되고 있는 사이에 문제의 생선 바구니들이 도착해서 이미 도착해 있던 두 개의 다른 바구니들에 더해졌다. 요리사의 명예는 지켜졌으나, 결과적으로 아까운 사람이 죽었다. 그러거나 말거나, 루이 14세를 위한 연회는 계속되었다….

어시장, 프랑스 스니더르스Frans Snyders와
코르넬리스 데 보스Cornelis de Vos가 그린 그림, 1620~1630년경

소박한 자유지상주의자 소로

철학자이자 시인, 생태학과 자발적 소박함의 선구자, 자유사상가에 자유지상주의자였던 헨리 데이비드 소로Henry David Thoreau(1817∼1862년)는 1817년 7월 12일 매사추세츠주의 콩코드에서 태어났다. 그는 1862년 5월 6일 같은 도시에서 사망했다. 참고로, 콩코드는 선험주의 운동mouvement transcendantaliste(유럽에서 일어난 낭만주의 운동의 미국식 버전이라고 묘사할 수 있다)의 본산지였다.

우리 시대의 대중들은 특히 두 가지 이유로 소로를 기억한다. 우선 첫 번째는 그가 국가의 비도덕적인 지시에 복종하기를 거부하고, 권력이 요구하는 것에 자신들의 양심이 동의하지 않을 경우 그 양심을 따를 수 있는 시민의 권리(아니, 의무일수도 있다)를 옹호했기 때문이다.

1849년에 출간된 그의 저서 『시민 불복종Civil Disobedience』은 엄청난 반향을 일으켰으며, 1907년에 간디가 비폭력 저항 운동을 시작한 것도 이 책 덕분이었다.

이 준엄한 원칙의 이름으로 소로는 당시 나라를 휩쓸고 있던 노예제도에 반대했으며, 멕시코와의 전쟁에도 반기를 들었다. 그는 불법적인 국가는 국가로 인정할 것을 거부했으며, 그러한 국가의 대표들과의 협력도 물론 거부하고, 그러한 국가에 대한 납세도 거부했다. 그로 인하여 그는 1846년 수감되었다.

소로의 이름이 오늘날까지도 널리 알려지고 기억되는 두 번째 이유는 그가 1845년부터 1847년까지 2년이 약간 넘는 기간 동안, 월든 호숫가에 손수 오두막을 짓고 혼자 자급자족적인 삶을 살았기 때문이다. 그때의 모습 그대로 복원된 그의 오두막집은 현재 많은 관광객들이 찾는 명소가 되었다.

이 경험을 소로는 『월든Walden』이라는 제목의 책으로 펴냈는데, 특히 거기 소개된 빵, 소로가 "언제나 우리에게 유익한 빵"*이라고 표현한 그 빵을 굽는 이야기가 우리의 눈길을 끈다.

밀가루와 소금, 효모와 굽는 방식을 이리 저리 바꿔 가며 몇 차례 시도한 끝에 그는 로마의 정치가 마르쿠스 포르시우스 카토Marcus Porcius Cato (기원전 234~149년)가 이미 고대 시대에 제시했던 지극히 단순한 제빵법과 비슷한 방법을 터득한다. 소로는 카토를 인용하면서 자신의 빵 만드는 법을 기술한다. "손을 깨끗이 씻고, 반죽 통도 깨끗이 씻는다. 반죽 통에 밀가루를 넣고, 물을 조금씩 부어가면서 완전히 반죽을 한다. 반죽이 잘 준비되면 빵 모양을 만들어 뚜껑을 덮은 채로(그러니까 빵 화덕에서) 굽는다."**

소로는 제빵용 효모 대신 건포도를 반죽에 더하는 방식도 시도했는데, 여기에 대해서 몇몇 사람들은 그가 건포도 빵의 창시자라고 말하기도 했다.*** 하지만 이러한 속설은 역사적인 사실 앞에 쉽사리 무너졌다. 그도 그럴 것이 건포도 빵 굽는 법은 소로의 레시피보다 훨씬 이전부터 이미 존재했기 때문이다.

* 헨리 데이비드 소로, 『월든 또는 숲속에서의 생활』, 파리, 갈리마르, '리마지네르' 총서, 1990년.
** Ibid., 76쪽
*** "헨리 데이비드 소로가 건포도 빵을 발명했는가?" [www.laphamquarterly.tumblr.com/post/27123226215/did-henry-david-thoreau-invent-raisin-bread]

소로를 기억하며 만드는 건포도 빵

『월든』에서 묘사된 지극히 소박한 삶과는 상당히 거리가 먼 감이 있지만, 요리 사이트 리카르도에서 소개하는 찜통을 이용한 맛 좋은 현대판 건포도 빵 요리법을 옮겨 적는다. 내 친구 요리사에게 보내는 일종의 오마주랄까. 어떤 의미에서는 이 책을 쓰는 출발점이 되어준 친구이기도 하니까.

미지근한 우유 310ml(1과 4분의 1잔)
꿀 60ml(4분의 1잔)
신속하게 익는 오트밀 가루 100g(1컵)
인스턴트 이스트 10ml(2t)
정제되지 않은 다목적 밀가루 375g(2와 2분의 1컵)
소금 7.5ml(1과 2분의 1t)
녹인 버터 30ml(2T)
계피가루 2.5ml(2분의 1t)
건포도 70g(2분의 1컵)

☆ T: 테이블스푼, t: 티스푼

빵틀(25×10센티미터) 안쪽에 버터를 바른다. 찜통 안에 들어갈 수 있는 크기인지 확인한다.

대접에 우유와 꿀을 넣고 섞는다. 거기에 오트밀 가루와 이스트를 첨가한다.

반죽용 날이 달린 푸드 프로세서의 용기에 밀가루와 소금을 넣어 섞은 다음 가운데를 우물처럼 파고 거기에 우유와 꿀을 섞은 액체를 붓는다. 2분간 반죽을 돌린다. 녹인 버터를 반죽에 조금씩 섞어가면서 2~3분 정도, 혹은 반죽이 매끈해질 때까지 더 돌린다.

도마에 밀가루를 칠한 다음 준비된 반죽을 35×25센티미터 크기의 사각형으로 다듬는다. 계피 가루를 뿌리고 건포도를 반죽 표면에 골고루 흩어놓는다. 반죽을 길이 25센티미터짜리 롤러처럼 돌돌 만다. 돌돌 말린 반죽을 빵틀 속에 넣는다. 이때 반죽의 접합부가 아래쪽으로 가도록 한다. 반죽의 겉 부분에 살짝 물을 바른 다음 그 위에 오트밀 가루를 뿌린다. 빵틀을 찜통 속에 넣고 물에 적신 행주로 그 위를 덮은 다음 40분 정도 반죽이 부풀도록 가만히 놔둔다.

물 125밀리리터(2분의 1컵)를 찜통에 부어 찜통 바닥이 물에 잠기도록 한다. 뚜껑을 덮고 센 불에서 4시간 동안 굽는다. 빵이 빵틀 밖으로 조금 넘치면서 반죽의 가운데 부분에 홈이 파이기 시작한다.

빵틀을 꺼내 그릴 위에 놓는다. 빵틀에서 빵을 꺼내 완전히 식힌다.

출처 : www.ricardocuisine.com

주

1. 2003년, 토론토에서는 '푸틴 단속 경찰'이라는 이름을 내건 일단의 어머니들이 이 음식을 학교 급식에서 뺄 것을 강력하게 요구했다.
2. 세네카, 「루킬리우스에게 보내는 편지」, 편지 CVII.
3. 마르쿠스 아우렐리우스, 『수상록』, 에픽테토스의 『엔키리디온』이 첨부된 판본, 파리, 플라마리옹, 'GF' 총서, 1992년, 54쪽.
4. 매트 피츠제럴드, 『다이어트 컬트』, 뉴욕, 페가수스 북스, 2014년.
5. 세네카, 『영혼의 평정에 대하여De la tranquillité de l'âme』, 콜레트 라잠이 라틴어에서 프랑스어로 번역한 판본, 파리, 페요 & 리바지, 2016년, 126쪽.

작은 마을의 부엌, 레옹 프레데릭Leon Fredelic(1856~1940년) 그림.
식사는 끝났고, 철학을 하는 시간이 아니라 정리하는 시간이다.
그래도 설거지는 생각을 하기에 좋은 시간을 마련해준다.

①
식탁에 둘러앉아 한 가지 음식에 주의를 집중하여 그것을 스토아주의자들의 방식대로, 그러니까 논리힉적인 관점(이 음식은 나에게 이로운가?)에서 시작하여 윤리학적인 관점(이 음식은 좋은가?)으로, 그리고 물리학적인 관점(과학은 이 음식에 대해 어떻게 생각하는가?)으로 넘어가면서 그 음식을 들여다보라. 이 작업이 끝나면, 이 음식을 맛보는 것이 좋은 생각인지 아닌지 결정 내린다.

②
초대 손님 각자에게 특별히 저지방 음식을 제공한다고 내세우지 않는 식당에 가게 되면 어떻게 처신하는지 묻는다. 그럴 경우 특별히 선호해서 주문하는, 다른 음식이 있는가?

③
건강을 위해서는 외식보다 집밥을 먹는 것이 더 좋은가? 초대받은 손님들의 생각은 어떤기? 한 달에 몇 번 정도 식당에서 외식을 하는가? 그보다 덜 자주 할 의향이 있는가?

이 주제에
관해
읽을 만한 책

우선적으로 읽어야 할 책 :
→ 에픽테토스의 『엔키리디온』과 마르쿠스 아우렐리우스의 『수상록』.

철학사 전문가지만 철학자들 사이에서도 잘 알려지지 않은 피에르 아도에 관해서는 :
→ 『내면의 성채 : 마르쿠스 아우렐리우스의 사상 입문La citadelle intérieure : introduction aux Pensées de Marc Aurèle』, 파리, 파야르 출판사, 1992년
→ 『고대 철학이란 무엇인가Qu'est-ce que la philosophie antique?』, 파리, 갈리마르 출판사, '폴리오 에세' 총서, 1995년
→ 『삶의 방식으로서의 철학 : 자니 카를리에, 아놀드 I. 데이비슨과의 대담La philosophie comme manière de vivre : entretiens avec Jeannie Carlier et Arnold I. Davidson』, 파리, 알뱅 미셸 출판사, '이티네레르 뒤 사부아르' 총서, 2001년.

스토아 철학과 친해지는 좋은 방법 :
→ 엘렌 뷔자레Elen Buzaré, 『스토아 철학식 영적 훈련Stoic Spiritual Exercices』, 룰루, 2011년. [www.lulu.com]

마시모 필리우치의 실험에 관해서는 이 사이트에서 더 상세하게 알 수 있다 :
→ How to Be a Stoic [www.howtobeastoic.wordpress.com]

스토아철학 주간에 관해서는 :
→ 참가자들을 위한 (영문) 안내서는 아래 사이트에서 다운로드 가능하다.
[www.modernstoicism.com]

스토아철학 주간이 무엇인지 정확히 알고 싶다면 :
→ [www.lejournalinternational.info/semaine-peau-dun-soicien-durant-stoic-week-2016]

옮긴이의 말 : 철학자들의 식탁

돌아가신 엄마는 우리가 무의식적으로 하는 "의-식-주"라는 말 대신 "식-의-주"로 고쳐 말해야 한다고 주장하실 정도로 먹는 것이 입는 것보다 중요하다고 생각하는 분이셨다. 엄마는 또 신경 써서 자식들에게 밥을 잘 해먹이면 병원에 가서 돈 쓸 일이 없다는 말도 입버릇처럼 자주 하시곤 했다. 그런데, 내가 많이 큰 다음에 알게 된 사실이지만, 고대 그리스가 낳은 현자이자 흔히 의학의 아버지라고 일컬어지는 히포크라테스의 가르침도 우리 엄마의 평소 소신과 별반 다르지 않았다. 건강하려면 균형 잡힌 식사가 중요하다고 누누이 강조했으니까.

의사와는 관점의 차이가 있겠으나, 철학자들이 식탁에 기울이는 관심도 적다고 할 수 없다. 먹을거리가 되는 대상을 선정하는 일과 그것을 장만하는 방식이며 자세, 함께 밥을 먹는 친지들과의 관계 등, 식탁을 둘러싼 철학적 주제는 다양하고 광범위하다.

음식이 놓인 식탁에 앉았으면 맛있게 먹기만 하면 그만이지, 골치 아프게 철학은 왜 들먹거리느냐고 못마땅해 하거나 지레 위축될 필요는 없다. 캐나다 퀘벡 출신 철학자 노르망 바야르종과 어느 유명 셰프와의 친분을 계기로 만들어지게 되었다는 이 책엔 슈퍼마켓에서 장을 보는 일에서 시작해서 다이어트에 이르기까지, 우리가 섭생과 관련하여 밟아가게 되는 과정 과정에 어울릴 법한 문제의식이나 철학적인 성찰 외에도, 음식에 얽힌 재미난 일화들과 역사의 한 시대를 상징하는 뜻밖의 레시피들도 소개되어 우리의 침샘을 자극할 뿐더러, 음식을 주제로 내건 그림이나 사진들도 심심치 않게 등장해서 눈

요기하는 맛도 쏠쏠하다. 어디 그뿐인가. 친구들과 모처럼 함께 하는 화기애애한 식사 자리를 한층 더 떠들썩하고 유쾌하게 만들어줄 놀이 아이디어들도 빼곡하게 첨부되어 있다.

국민소득이 3만 달러를 넘어서면 TV에서조차 음식에 관한 정보들이 급격하게 늘어나기 시작한다는 속설을 증명이라도 하듯, 우리나라도 요즈음 먹을거리, 맛집 탐방, 요리 방송, 심지어 '먹방'까지, 식생활 관련 자료들이 그야말로 차고 넘친다. 배부른 돼지보다 배고픈 소크라테스가 낫다고 했던가(세간에 떠도는 이 말은 사실 "만족한 돼지보다는 불만족한 사람이 낫고, 만족한 바보보다는 불만족한 소크라테스가 더 낫다"는 존 스튜어트 밀의 주장에서 유래했다고 한다). 암튼 어느 쪽을 선택하건 그건 각자의 자유지만, 양쪽을 조화롭게 절충해서 배부른 소크라테스가 되지 말란 법도 없으니, 주저하지 말고 "철학자들의 식탁"에 와서 앉으시라. 왕성한 식욕만 지참해오면 된다!

2020년 1월

양영란

철학자의 식탁

먹고 요리하고 이야기하는 일의 즐거움

1판 1쇄 인쇄 2020년 1월 30일

1판 1쇄 발행 2020년 2월 7일

지은이 노르망 바야르종 | 옮긴이 양영란

편집 백진희 김지하 | 표지 디자인 보이어

펴낸이 임병삼 | 펴낸곳 갈라파고스

등록 2002년 10월 29일 제2003-000147호

주소 03938 서울시 마포구 월드컵로 196 대명비첸시티오피스텔 801호

전화 02-3142-3797 | 전송 02-3142-2408

전자우편 books.galapagos@gmail.com

ISBN 979-11-87038-54-2 (03100)

이 도서의 국립중앙도서관 출판예정도서목록(CIP)은 서지정보유통지원시스템 홈페이지(http://seoji.
nl.go.kr)와 국가자료종합목록시스템(http://www.nl.go.kr/kolisnet)에서 이용하실 수 있습니다. (CIP제
어번호 : CIP2020001200)

갈라파고스   자연과 인간, 인간과 인간의 공존을 희망하며, 함께 읽으면 좋은 책들을 만듭니다.